DIEZ
COSAS QUE SU
HIJO LE
AGRADECERÁ
UN DÍA...

T0203319

William Coleman

Para vivir la Palabra

Para vivir la Palabra

Publicado por:

Editorial Nivel Uno, Inc.
3838 Crestwood Circle
Weston, Fl 33331
www.editorialniveluno.com

©2017 Derechos reservados

ISBN: 978-1-941538-25-8

Desarrollo editorial: *Grupo Nivel Uno, Inc.*
Diseño interior: *Grupo Nivel Uno, Inc.*

Printed in the United States of America
Impreso en Estados Unidos de América

18 19 20 21 22 23 VP 9 8 7 6 5 4 3 2 1

Contenido

«Grábate en el corazón estas palabras que hoy te mando.
Incúlcaselas continuamente a tus hijos.
Háblales de ellas cuando estés en tu casa
y cuando vayas por el camino,
cuando te acuestes
y cuando te levantes».

—Deuteronomio 6:6-7

Nota del autor

EN AQUEL ENTONCES...
ME HUBIERA ENCANTADO SABERLO TODO.

Para cuando nacieron nuestros hijos yo quería ser el padre perfecto. Como fui criado en el seno de una familia cargada de problemas, supe exactamente lo que no debía hacer. Deliberadamente empecé a ingeniarme un plan mediante el cual evitaría incurrir en los errores de mi familia de origen.

Naturalmente, el plan salió bien. Evité los viejos errores, pero en el proceso yo mismo cometí mis propias equivocaciones. El gran factor que no había calculado era el de la individualidad, o sea, que el hijo adolescente busca su propia identidad. A fin de cuentas, son ellos quienes toman sus decisiones de lo que en realidad quieren ser. Y no es que hubiésemos fracasado. Me siento feliz con nuestros hijos, que ya están crecidos, y los amamos igual que ellos nos aman a nosotros. Pero, en retrospectiva, lanzo el grito de angustia paternal: «Me habría encantado saberlo todo en aquel entonces, como lo sé ahora».

Nuestra familia es semejante a cualquier otra. Hemos tenido nuestros momentos sublimes y también hemos atravesado el valle de lágrimas. He tenido que comparecer en la oficina del director de la escuela debido a mis tres hijos adolescentes. Estuve allí por el alto índice de inteligencia que poseían y porque les hicieron objeto de recompensas y honores. Estuve allí también porque la administración les quería expulsar de la escuela. Estuve allí cuando se los honró en la fiesta anual de la escuela, y cuando la policía se presentó a las tres de la madrugada.

Somos una verdadera familia. Queremos que nuestros lectores lo sepan. Si acaso usted busca obtener sabiduría de una familia que pretende tenerlo todo, déjeme decirle que se equivocó en escoger este libro. Le sugiero que lo devuelva y pida el reembolso de lo que pagó. Pero si quiere tener alguna idea de lo que realmente importa al criar a hijos adolescentes, entonces sí le podrá ser de gran ayuda.

La intención de escribir este libro la tuve primero cuando en un seminario le pedí a un grupo de personas que me anotaran en un papel lo que pensaban que sus padres hicieron correctamente. Las respuestas que me dieron fueron tan elocuentes, que empecé a hacer esta pregunta a otros. Todos aceptaron con beneplácito la oportunidad de reflexionar sobre los gratos recuerdos de su infancia y adolescencia.

Mi esposa y yo también escuchamos opiniones de nuestros propios hijos. Ellos nos dijeron lo que consideraban de valor y lo que no tenía ninguna importancia en su pasado. Esto nos abrió los ojos. Nos dimos cuenta entonces de cuánta importancia le habíamos dado a cosas secundarias, y cómo habíamos desestimado las cosas que sí eran de trascendencia.

En verdad, nuestra experiencia de retrospección sobre nuestro comportamiento general como padres ha sido valiosa. Ahora podemos dar gracias a Dios una vez más por cada miembro de nuestra familia.

Es nuestra oración que este libro resulte de utilidad para los padres de todas las épocas: los que anhelan que sus hijos lleguen a ser jóvenes, a los que ya los tienen, y también a los que miran al pasado con mucho amor y aprecio.

Expresamos nuestro agradecimiento a todos aquellos que tuvieron la buena voluntad de cooperar con nosotros.

Bill y Pat Coleman

Cartas enviadas al hogar

Los niños son maestros expertos. Están muy bien enterados de todo lo que ocurre, y se vuelven más alertas al entrar en la edad de la adolescencia. Como jóvenes quinceañeros que son, nos asombran, nos desafían, nos llenan de satisfacción y, algunas veces, hasta nos parten el alma de dolor. Cuando tenemos alguna idea de lo que es realmente duradero e importante, es que estamos en condiciones de proveer las actitudes y los hechos que pudieran ser para toda una vida.

Durante un receso en un seminario en Hordville, Nebraska, un caballero amigo sacó su billetera y me preguntó si quería ver algo. Me imaginé que me mostraría fotografías de sus nietos, y me preparé para pronunciar mis frases habituales de admiración. Pero no fue eso lo que mostró, sino más bien un pedazo de papel.

«Esta es una carta que mi niña me envió. Ahora cursa estudios en la universidad», me dijo. Su rostro se iluminó de alegría, tal como le sucedería a cualquier padre en iguales circunstancias.

Abrí y leí la carta y encontré toda una página de reconocimientos y gratitud para su fabuloso papá. No había vacilación alguna en sus expresiones, ni mensajes escondidos o quejas. En la hoja había escrita una serie de palabras de aprecio por las muchas cosas buenas que él había hecho y por la clase de persona que era.

En esta carta, una hija había dejado a su padre libre de toda duda y le había hecho sentirse como una persona realizada. Él ya no tenía que preocuparse con respecto a las cosas que no había hecho. Ella le decía que él había hecho lo correcto.

Por supuesto, no todos los padres van a recibir una carta semejante a esta. Hay muchos que sólo conseguirán un fuerte abrazo y frases de agradecimiento por todo lo que hacen. Esto ya es decir mucho. Desafortunadamente, algunos padres muy buenos nunca oirán palabras de agradecimiento y apenas supondrán cómo actuaron.

Cuando nuestros hijos ya crecidos hablan al respecto, y por cierto que no siempre les es tan fácil, nos dan una idea clara de lo que para ellos fue importante durante sus años de formación y desarrollo. Con frecuencia dan gracias a sus padres por cosas extraordinarias, las que, en su mayoría, son experiencias personales en las que no se invirtió tanto dinero.

Muchos adultos jóvenes se sienten avergonzados de que sus padres gastaran demasiado dinero en ellos. No les impresiona mucho las palabras tipo sermón que escuchan, sino que agradecen más los ejemplos de una fe cristiana.

Algunos padres han recibido la misma información por el simple hecho de preguntarles a sus hijos. Sé de uno, a quien conozco, que se sentó a la mesa en el comedor e hizo preguntas claras sin reprimendas. ¿Qué clase de disciplina piensan ustedes que fue la más eficaz? ¿Cuál fue su vacación favorita? ¿Cuáles son algunos gratos recuerdos de la Navidad?

Sin querer sacarles elogios, podemos darles la oportunidad de que nos digan las cosas que les hacen brillar los ojos. Todos los padres debieran sentir el placer de cerciorarse de cuán a menudo hicieron cosas significativas e importantes para sus muchachos.

Una carta de June

Hace unos dos años recibí una de esas cartas mágicas. En ese momento nuestra hija de veintidós años de edad se encontraba en

St. Louis, trabajando durante el verano con niños del centro de la ciudad.

La carta que recibí de June ese verano, estaba llena de palabras de agradecimiento para su papá, lo cual hizo estallar de gozo mi corazón. Le pedí permiso a June para publicarla porque creo que en dicha carta se explica el propósito de este libro.

Algunas partes pudieran parecer vagas, no obstante, no quise cambiar su redacción. La carta es real y espontánea. La única excepción es el nombre del primo. Nuestros intentos por evadirlo fueron en broma, y estoy seguro de que cada familia podrá entender esta clase de maniobras.

Querido papá:

Recuerdo cuán emocionante fue saltar al asiento delantero de la camioneta de papá. Todavía tengo en mi memoria cuando le ofrecí un chicle y él no se enojó porque se le pegó en su dentadura. Él sabía que eso le iba a pasar, pero quiso aceptar mi regalo. Recuerdo también cómo nos subíamos en el viejo Buick, mi padre y yo solos, y nos íbamos a Nebraska a ver los juegos de balompié. Recuerdo el tremendo pastel de fresas en el negocio Big Boy Shoney. Recuerdo el juego de *trepar* en el parque Streeters. Recuerdo cómo mi papá trataba de cortar *mis jeans* que se habían enredado en la cadena de mi bicicleta, y el resultado fue que mis pantalones se quedaron atrapados y tuve que correr desnuda a casa. Recuerdo cómo se iluminaba mi cara al ver a papá actuar en las producciones de teatro de la comunidad. Recuerdo haber sido suavemente bautizada en el río. Recuerdo el buen olor de papá al mover sus brazos frente al aire acondicionado del carro. Significó mucho para mí haber podido participar de las vacaciones en familia; pasear por el *Estes Park,* soplar el radiador en Carolina del Norte, y tratar de evadir juntos al primo Arnoldo en la reunión familiar. Mi amor por la ciudad se lo debo a él. Puedo recordar cuando miraba la serie de televisión Raíces y le pregunté si podía casarme con un hombre de color. Me contestó que tan solo me asegurara de que ese hombre fuera el mejor del mundo para su pequeña niña. Ese incidente me ayudó a formar muchos de mis sentimientos y actitudes respecto a la igualdad. Recuerdo haber patrocinado a una familia procedente de Laos y el buen ejemplo que eso fue para mí. Recuerdo cómo papá unía los hilos de la relaciones de familia cuando todo indicaba que nos estábamos separando.

Recuerdo cuando se apagaba el motor del auto unas treinta veces por no manejar bien la palanca de cambios, mientras él pacientemente me decía: «Ya casi lo logras, trata una vez más…». Recuerdo lo orgullosa que me sentí cuando le mostré a mis compañeros del tercer grado el primer libro impreso de papá. Recuerdo la emoción de cada sábado por la noche en *Salisbury*, porque podía llamar de larga distancia a mi casa. Saltaba rápido de la cama tarde en la noche para contestar el teléfono, porque sabía que era papá quien me llamaba. Él siempre encuentra la forma correcta para decir las cosas.

Recuerdo su paciencia cada vez que estropeé su automóvil. «¡Qué! ¿No estás furioso?», le preguntaba. También recuerdo con alegría cuando íbamos a comprar donuts a medianoche, y un café por las mañanas. En verdad que echo de menos estas cosas.

Papá es excepcionalmente sensato. No hay dudas que también es compasivo. Él nunca tiene que ganar. Trata siempre de hacer lo mejor. No se le hace difícil perdonar, es lento para enojarse. En una palabra, es el compendio del amor del que nos habla Pablo en 1 Corintios.

Me enseñó a llorar cuando lo necesito, y a dejar de llorar también. Me ha enseñado a exigir justicia y a vivir para servir. He aprendido a confiar cuando la vida se torna difícil en extremo. Me ha entendido y me ha escuchado (llorado) cuando me vi en la necesidad de cortar ciertas relaciones. De él aprendí a tener el valor de ser independiente, a correr riesgos.

Mi padre me ha mostrado una paz digna de ser aprendida, en la cual estoy trabajando aún.

¡Te amo mucho papá!

June

«Gran remedio es el corazón alegre,
pero el ánimo decaído seca los huesos».
—Proverbios 17:22

Gracias por... permitirme soñar, aunque algunos sueños fueron pesadillas

Un soñador es un idealista, un romántico, se evade desde su mundo real hacia un mundo ideal. Es alguien que busca alondras, esas aves cantoras que la gente persigue sólo por diversión.

Si somos afortunados, tendremos hijos que sean así. Crecen persiguiendo sueños. No son bobos, sino gente sana que echa a volar su imaginación y corren riesgos. Se desesperan por intentar cosas nuevas, o ir a nuevos lugares a experimentar todas las cosas posibles.

A los padres de estos muchachos se les llama choferes. En los primeros años invierten mucho tiempo llevando a sus hijos a los juegos de béisbol, a las competencias, a los parques, las concentraciones públicas y a la escuela. Sus «soñadores» quieren ver, oír, sentir, aprender y hacerlo todo por sí mismos. Cuando lleguen a la adolescencia podrán manejar, pero hasta ese momento necesitan de choferes.

Nunca llamen a los choferes de un muchacho «soñador», padres tras bastidores. Ellos no tienen que empujar a sus hijos a cada suceso debajo del sol. Estos chicos empiezan a correr a su propio ritmo y desafían a sus padres a que se mantengan al ritmo de ellos.

Lo que estos muchachos más necesitan de sus padres es la respuesta a la pregunta: «¿Es correcto soñar?». Un padre puede dar un «no» por respuesta y echar así un balde de agua fría sobre este joven imaginativo. Esta respuesta no lo detendrá a él o a ella, necesariamente, pero sí constituirá un obstáculo.

Por otra parte, los papas pueden dar señales claras y positivas, y animar al joven al dejarlo en libertad de explorar. Podemos dar el mensaje por medio de palabras, de actitudes y sirviéndoles de modelo. Los jóvenes a quienes se les permitió el lujo de soñar, guardan un cálido rincón en sus corazones para sus comprensivos padres.

Encontrar su propia senda

Cuando nuestra hija June tenía apenas dieciséis años de edad ya contaba con una larga historia como cazadora de sueños. Quería formar parte de todas las organizaciones que conocía, y jamás se unió a un grupo del que no quisiera ser presidenta a las dos semanas. Como padres sabemos que June, al igual que otras muchachas de su edad, al tener su propia licencia de manejar querría pedirnos prestado el automóvil. (La mayoría de los padres desearían que la edad legal para manejar se estableciese a partir de los treinta y cinco años, para así evitar las altas pólizas de seguro.)

June, apenas familiarizada con el manejo, pronto anunció su sueño. Había conocido a un buen joven que vivía a cien millas de distancia, en Podunk, Nebraska. Para llegar allí tendría que bordear la ciudad de Lincoln, yendo por la carretera Interestatal ochenta, y entonces continuar las veinticinco millas restantes por caminos rurales.

June había planeado una cita durante el día, a fin de regresar antes de que oscureciese. Lo tenía todo pensado y, sencillamente, quería usar el carro y que le diésemos una afectuosa y motivadora despedida.

El muchacho había estado en nuestra casa y teníamos una buena impresión de él. La pregunta era: ¿Cómo nos sentíamos con respecto a June? Un viaje largo y el pensar que ella manejara sola, en realidad nos aterraba. En el caso de que fuera un hijo varón, los padres pudieran pensar que si llegara a extraviarse en una carretera por ahí, probablemente lo resolvería. Pero la posibilidad de que nuestra pequeña hija se quedara con su carro varado era algo que nos atemorizaba con sólo pensarlo.

Tratamos entonces de negociar. ¿Qué tal si yo mismo manejaba? Eso, ni pensarlo. ¿Y si yo la llevaba hasta Lincoln y allí la esperaba en el centro comercial hasta que regresara? Totalmente innecesario, insistió ella.

Finalmente, estuvimos de acuerdo en dejar que June persiguiera su sueño. Descorazonado, le entregué las llaves el día previsto. Casi convencido de que nunca volvería a ver a June, le deseé un feliz viaje. Ella sacó en retroceso el carro del garaje (sin mirar) y se marchó sola manejando hacia el perverso mundo.

Cualquier padre de familia podría imaginarse lo traumático que tal incidente fue para nosotros. Dejar de soñar no es cosa fácil. Pero, ¿recuerdan cómo nos sentimos cuando nuestros padres manejaban las riendas de nuestra vida? Queríamos descubrir las cosas por nuestra propia cuenta. Alegremente cambiaríamos la seguridad por la libertad. Queríamos protección, pero también permiso para ir tras el arco iris.

ECHA TU PAN SOBRE LAS AGUAS

Niños con imaginación y poder creativo pueden emerger de hogares aburridos, pero solamente al costo de grandes dificultades.

15

Rodeados por una mentalidad cerrada, deben luchar por liberarse a sí mismos de una atmósfera desconfiada e indecisa. Pero los jovencitos a quienes se les permite soñar en su hogar, lo más probable es que tengan visiones y en colores vividos.

El autor del libro de Eclesiastés atrae al lector con la invitación a arriesgarse: «Echa tu pan sobre las aguas; porque después de muchos días lo hallarás» (11:1).

En algunas familias sobresale el espíritu de aventura. Ya sean aventuras físicas, espirituales o mentales, empujan a algunos a tratar de hacer algo nuevo. Ninguna aventura atolondrada en las que todos se exponen a sufrir daños, sino en aquellos desafíos creativos que nos alientan a por lo menos intentar.

Encontramos el mismo espíritu en Proverbios 11:24: «Hay quienes reparten, y les es añadido más; y hay quienes retienen más de lo que es justo, pero vienen a pobreza».

El que no se aventura no gana ni pierde. Los jóvenes captan el espíritu de aventura de sus padres cuando ven que ellos dan generosamente, que echan su pan sobre las aguas y que logran que sus propios sueños se cumplan.

Cuando un joven ve que sus padres se arriesgan, lo más probable es que él intente hacer lo mismo. Por ejemplo, los padres que van a otro país a hacer una obra misionera por corto tiempo, que conducen estudios bíblicos en hogares, que alimentan al hambriento en su ciudad, y que sacrifican su tiempo y sus talentos a favor de otros, les dan a sus hijos adolescentes el ejemplo de la aventura. Ellos aceptan los riesgos. Por el hecho de correr algunos de ellos, les dan a los jóvenes el tácito permiso a soñar y a experimentar sus propias aventuras.

Nuestro amigo Cliff echa su pan sobre las aguas al participar en la excavación de pozos en Haití. Su disposición a ir allí, año tras año para dar a otros, ha resultado que veintenas de otras personas viajen para trabajar allí. Cliff se arriesgó sin saber qué le esperaba o qué le acontecería. Los buenos resultados se han multiplicado una y otra vez.

A los adolescentes se les debiera exponer a más que a ilusiones temporales. No limite sus deseos de tener casas más grandes y automóviles más veloces. Hay sueños espirituales que son necesarios desafiar. Hablar de Cristo, darle esperanza al desesperado, servir de consejero a los amigos, orar por los necesitados y dar alimentos a los pobres son, en verdad, sueños espirituales. Conmover las almas y los corazones de otros son sueños que podemos hacer realidad.

No sólo los padres deben recibir todo el crédito. Los adolescentes deben decidir por ellos mismos, en definitiva, ser aventureros. Pero nosotros podemos proveerles de algunas plataformas de lanzamiento.

LOS ROMPESUEÑOS

Hay algunos padres que se enorgullecen de su habilidad para desbaratar los sueños. Estos se derriten bajo el intenso calor. Bajo mucha presión se rompen en pedacitos. Los rompesueños creen que su contribución es ver dónde está lo malo en cuanto a su sueño, y luego lo destruyen.

Aunque la intención fuera simplemente salvaguardar al niño mediante la destrucción de su anhelo, los rompesueños tienden también a destruir al soñador.

Si el padre es negativo y cauteloso en extremo, el muchacho tiende a reaccionar en una de estas dos maneras: O bien trata de no soñar porque presiente que pudiera ser peligroso, o continúa soñando, pero no le da a conocer esos sueños a los rompesueños, sus padres.

El libro de los Proverbios nos dice cuán doloroso es un espíritu triste: «Gran remedio es el corazón alegre, pero el ánimo decaído seca los huesos» (17:22).

Todos nosotros hemos sufrido en más de una ocasión de un espíritu triste, tal vez muchísimas veces. Pero la clase más severa de un espíritu triste viene de nuestros padres. Cuando un padre dice que nuestras ideas son torpes, admitimos que ellos lo saben mejor que cualquier otro. Es difícil que el espíritu del joven se levante si el padre primero le ha dado su desaprobación.

Ese conocimiento no detendrá a los rompesueños. Están convencidos del valor de anular la fantasía. Piensan que todo asunto debiera ser totalmente escudriñado y quieren que lo negativo sea eliminado antes de seguir hacia adelante.

A los jóvenes les encanta escuchar estas palabras: «¿Por qué no lanzarse al agua?».

ATAR Y MORDER

Los padres que bendicen los sueños saben cuándo atarse las manos y morderse los labios. Esto comienza a temprana edad, cuando Nahúm trata de conectar el televisor al control remoto del garaje. Él pensaba que de esa manera papá podría sintonizar las noticias al estacionar el automóvil.

La mamá sale de la cocina y Sara decide agregar hongos a las galletas de chocolate. Se imagina que eso les dará sabor de pizza.

Pienso que Dios hace lo mismo por nosotros. Él debe sentirse tentado a intervenir, a protegernos, a guardarnos bien seguros. Pero nuestro Padre celestial nos deja que persigamos nuestros sueños, mientras Él se sienta y se muerde los labios. Dios respeta nuestras decisiones. Sabe que nosotros bien pudiéramos enredarlo todo, pero aun así Él nos da esa oportunidad.

Los hogares conservadores, por lo general, prefieren detenerse. Aventurarse o arriesgarse no es una de sus prioridades. Las familias conservadoras no sienten placer en experimentar y adoptar ideas novedosas. Les gusta ser cuidadosas, cautelosas y mantenerse inmóviles. Si tal es el caso, no debieran sorprenderse tanto si sus hijos son reacios a divagar y soñar.

Los niños que juegan con nuevas ideas se atreven a correr riesgos. Se imaginan cosas que todavía no han visto. En su forma más pura, esto es fe en el concepto verdaderamente bíblico:

«Ahora bien, la fe es la garantía de lo que se espera, la certeza de lo que no se ve» (Hebreos 11:1).

¿Cómo es posible que familias que no tienen sueños formen hijos que sí sueñan? Ellas lo permiten y animan a sus hijos a que vayan tras sus ilusiones. Esto pasa todo el tiempo. Los padres que no salieron a jugar en la escuela cuando eran jovencitos, permiten y animan a sus propios hijos a disfrutar esa oportunidad. Los que nunca viajaron a un país extranjero cuando eran jóvenes, les permiten ahora a sus hijos ir, por ejemplo, a Costa Rica, a servir como misioneros de verano. Si acaso no pudimos ir en pos de nuestros propios sueños, aún es tiempo para que soltemos a nuestros hijos y les permitamos correr tras los suyos.

Pienso que cada padre debiera tener un hijo a quien le guste el piano, un artista del teclado que alegremente practique sin que lo estén regañando. Nuestra hija June fue el regalo que Dios nos dio para que le gustara el metrónomo (Máquina, a manera de reloj, para medir el tiempo e indicar el compás de las composiciones musicales). Aprendió a tocar el piano a una edad temprana y con rapidez. Dios la había dotado con ese talento, con lo cual se sentía más que contenta. Al acercársele la fecha para ir al colegio, naturalmente solicitó una beca para estudiar música. Sin embargo, insistió en estudiar canto, no piano.

Ahora, June tiene una voz excelente, pero todos pensábamos que su más grande don estaba en el piano. No obstante, ¿quiénes éramos nosotros para decirle los sueños, las aspiraciones que debía alcanzar? ¿Qué es lo que simplemente los padres, los maestros y los músicos saben? Mi esposa y yo nos frenamos y nos mordimos los labios.

Finalmente nos llegó el mensaje. Nuestra hija había recibido una beca para estudiar canto en la universidad. Ella se sintió feliz y nosotros tuvimos un suspiro colectivo de alivio. June había visto su sueño hecho realidad. Pero debido a que nunca antes había recibido una lección de canto, esta le resultó extremadamente difícil. Un instructor le dijo aquel primer año: «Si tú nunca antes habías recibido una lección de canto, ¿por qué estás aquí?». Año tras año, batalló siempre cuesta arriba. Ahora es una estudiante destacada y está en el cuadro de honor, porque siguió su propio camino.

¿Estábamos equivocados? ¿Debimos tratar de guiarla con firmeza hacia la especialidad de piano? Sin la interferencia de ninguno, June fue tras su arco iris y así descubrió su propia mina de oro.

En lugar de tomar decisiones por nuestros hijos, una de las mejores cosas que podemos hacer es ampliar sus perspectivas. Si es que quieren entrar en los negocios, pudiéramos conseguirles alguna literatura relacionada con ese campo. Hacer eso es guiarlos bien. También podríamos ofrecerles llevarlos a lugares apropiados, y relacionarlos con individuos expertos en los negocios.

Si el joven muestra inclinación por las matemáticas, sus padres debieran pensar entonces que siga una carrera de estudios en esa especialidad. Pero, simplemente porque el muchacho sea bueno en hacer alguna cosa, eso no garantiza que le gustará seguir esa carrera. Los adolescentes a quienes se les permite ir tras sus sueños, más que tras el sueño de sus padres, lo más probable es que luchen y se esfuercen enérgicamente por alcanzar la meta que se proponen.

Continuamente nos encontramos con adultos cuyos padres les aplastaron sus espíritus, les frustraron sus fantasías, les desbarataron sus anhelos. Ellos se resintieron con tal interferencia y aún muchos lo están hasta el día de hoy.

GRACIAS POR LAS PESADILLAS

A todos nos tienen que tocar algunas «buenas» pesadillas. Cada uno debiera tener la experiencia de despertar a media noche sudando frío. Debiéramos permitirnos decir: «Cuánto tiempo perdí. ¿Qué voy a hacer en el mundo?»

Si animamos a nuestros hijos a admitir sus equivocaciones, los dejamos libres para que manejen sus vidas abierta y honestamente. Admitir abiertamente su error, les permitirá intentar nuevas aventuras, sabiendo que se puede triunfar o fracasar. Fracasar no es la tragedia más grande de la vida. Tener miedo a intentar hacer algo nuevo es una desgracia mucho peor todavía.

El permiso para crear pesadillas ayudará a nuestros jóvenes a ser honestos. ¿Cuántas personas usted conoce que mienten acerca de sus equivocaciones? Hacen un enredo muy grande y después les cuesta un gran trabajo ocultarlo. Por el temor a admitir sus fracasos, desperdician mucha energía y creatividad en negar sus errores.

Toda persona joven debiera saber que es normal echar a perder las cosas, y que es saludable admitirlo. Algún día los adolescentes podrán agradecerles a sus padres el que les hubiesen permitido tener sus propias pesadillas. Las pesadillas son una parte del proceso de soñar.

EL AMIGO QUE ME ARREBATARON

Cuando era un muchacho y vivía en Washington, la capital de los Estados Unidos, una familia afroamericana se mudó frente a nuestra casa. El acontecimiento resultó emocionante para mí. Aun cuando había familias afroamericanas apenas a unas cuadras de distancia, yo personalmente no conocía a nadie que fuera de otra raza distinta de la nuestra.

A decir verdad, miré aquello como un hecho intercultural. Con la curiosidad típica de un jovencito, pensé que sería interesante conocer cómo vive y siente una persona de otra raza.

En la familia vecina había un muchacho como de mi edad. Para ese entonces, no se nos permitía asistir a la misma escuela, aun cuando los dos vivíamos en el mismo barrio.

Nos tomó tan solo unos pocos minutos para que nos hiciéramos amigos. Si bien es cierto que no recuerdo con exactitud las cosas que hacíamos, sí recuerdo que jugábamos juntos. Hasta llegamos a hablar sobre algunos epítetos raciales. Le pregunté si alguna vez alguien lo había llamado con alguna la palabra fea. Me dijo que no. Él, por su parte, quería saber si alguien alguna vez me había llamado «pobre diablo blanco». Me eché a reír. Había escuchado la expresión, pero nunca me lo habían aplicado a mí directamente.

¡Qué cosa! Allí en las calles, a unas siete cuadras del capitolio de la nación, dos niños discutían sobre los intrincados detalles de las relaciones interraciales. A mí me caía bien mi nuevo amigo, y sospecho que yo también le caía bien a él. Inmediatamente después de las clases en la escuela, yo lo buscaba ansioso, y los dos jugábamos sin dificultades.

Habían transcurrido tan solo unos pocos días desde que nos conocíamos, cuando mi madre me confrontó. Ella quería saber si yo estaba jugando con el muchacho negro que vivía al otro lado de la calle. Con mucho entusiasmo le dije que sí. Ella entonces me dio un fuerte sacudón y me dijo que nunca más debía jugar con él. Al poco tiempo, la familia negra se mudó a otro lugar. Pero el recuerdo de mi amigo nunca se borró.

A lo largo de los años, hubo otras amistades en mi vida, pero esta fue una que literalmente me arrebataron.

Con frecuencia me he preguntado por qué los adultos no nos dejan solos. Él y yo habríamos arreglado las cosas a nuestra manera. Tuvimos un gran comienzo. No habíamos tenido ninguna frustración, ni sentíamos fanatismo, intolerancia u orgullo falso. Nosotros, simplemente, nos aceptábamos el uno al otro.

LOS PADRES TIENEN LAS LLAVES EN SUS MANOS

Las llaves para evitar o calmar el prejuicio se encuentra en muchos lugares. Las escuelas, las iglesias, los familiares y amigos, cada uno tiene un llave para el juego complicado de candados que llamamos fanatismo. No hay una simple solución a este problema. Pero en el llavero hay una que es más grande que las demás. Es la llave de los padres. La usamos para cerrar o abrir las puertas que forman la actitud de nuestros hijos con respecto a las personas que son diferentes a ellos.

Cada niño de padres cristianos tiene la oportunidad dorada de resistir al prejuicio y al bulling. Aun cuando es cierto que estamos lejos de ser perfectos, sin embargo, tenemos la posibilidad de amarnos unos a otros como iguales, de estar por encima del odio y la discriminación, y trasmitir ese mismo comportamiento a nuestros hijos mediante nuestro ejemplo.

El debate no es si debiéramos desfilar en pro de la igualdad, o escribirle a nuestro representante en el congreso. Nuestra función cristiana esencial y nuestra responsabilidad es dar amor a todos y trasladar ese amor a nuestros propios hogares. Nosotros, como cristianos, que enviamos misioneros a todas las naciones del mundo, actuamos realmente como hipócritas si rechazamos a otros por prejuicio en nuestras propias casas.

La esperanza que tenemos de reducir seriamente el prejuicio y la discriminación es dejar en libertad a nuestros hijos para que exploren por sí mismos este mundo, el cual está lleno de contrastes. Los padres de familia deben tragarse sus emociones condicionadas y darles el permiso de amar a otros que no son, racialmente, física o intelectualmente igual que ellos. Si hay muy poca esperanza con los adultos recalcitrantes, dejemos esta oportunidad para los hijos.

Ciertamente podemos esforzarnos un poco más para aliviar a nuestros hijos de la carga de los prejuicios sociales.

DAR PERMISO

No se espera que los padres fuercen a sus hijos a que amen a otras personas. El mejor regalo pudiera ser simplemente darles permiso. «Está bien amar a personas diferentes a nosotros» es un mensaje que abre todo un caleidoscopio de posibilidades multicolores y de variantes, las cuales les servirán de mucho a nuestros hijos.

Cuando damos permiso, lo más probable es que nuestros hijos traigan a casa a niños hispanos, norteamericanos, afroamericanos, asiáticos, africanos, altos, bajos, gordos, flacos, rubios y morenos. No solamente a gente que nos visita de las misiones en el extranjero, sino también a amigos locales a quienes han conocido y de los cuales se sienten libres de presentar a sus familias.

A los hijos no se les ordena que vayan y se mezclen con un grupo en especial. Más bien se les consiente hacerse amigos de quienes deseen.

Cuando la serie de televisión *Raíces* se trasmitía, nosotros, como familia, vimos gran parte de esos programas. No fue algo que hubiésemos planeado, pero tal parecía que todos corríamos hacia el televisor al mismo tiempo. En la mitad de uno de los episodios, nuestra hija June, que asistía a la escuela, nos lanzó una pregunta desde el campo izquierdo: «¿Cómo te sentirías, papá, si yo me casara con un chico negro?».

Le contesté espontáneamente y le dije lo que se supone todos los papas le deben responder a sus hijas jóvenes: «Está bien, siempre que él sea el mejor chico del mundo para mi niña».

Años más tarde, y ya como estudiante universitaria, mi hija June fue a St. Louis para pasar el verano trabajando con niños del centro de la ciudad. En su carta, June me agradeció por lo que le dije mientras veíamos el programa Raíces. Señaló que mis palabras le habían dado libertad para aceptar sin prejuicio a las personas de otras nacionalidades. Su padre no se atragantó con el café o le dio una disertación social. No le dijo que no podía relacionarse con otras personas diferentes a ella.

La forma en que los padres tratan a los demás produce un efecto profundo en los niños. Ellos no tienen por qué gastar sus vidas reaccionando a los prejuicios de sus padres. A los niños les dará mucho trabajo tratar de estar de acuerdo con la intolerancia de sus padres, o también les costará mucho esfuerzo intentar rebelarse contra la discriminación. Sea usted un ejemplo, pero no embrolle el proceso con pesadas presiones de «haz esto y no hagas esto». El regalo más importante que le puede dar a sus hijos es la libertad de sentir que son ellos mismos.

Al apóstol Pedro se le hizo difícil aceptar a los gentiles como iguales a los judíos (Hechos 10). La última cosa que hubiera querido hacer era ir y predicar el evangelio a Cornelio, el centurión romano en Cesárea. Pero, después de aprender algunas lecciones difíciles, Pedro se dio cuenta de que Dios ama a toda la gente sin mostrar favoritismo (v.34). Ciertamente, nosotros les podemos trasmitir esta simple verdad a nuestros hijos, sin que ellos tengan que pasar a través de la tormenta por la que pasó Pedro.

Afortunadamente, nuestra hija mayor, Mary, también sintió este mágico «permiso» cuando pasó un caluroso verano trabajando con muchachos en la ciudad de Dallas. O cuando atendió a muchachas en dificultades. O ahora, que trabaja media jornada en el bufete de un abogado.

Hay algunas cosas que los padres pueden hacer que sus hijos sientan. El individuo, en sí mismo, debe sentir compasión, tal como él mejor lo entiende, en su propio corazón. Los hijos, ya crecidos, deben pedirle a Dios que quite de sus corazones lo que no está bien.

25

Los padres deben abrir las puertas y dejarlos en libertad para que actúen según su propio sentido de igualdad.

LOS EJEMPLOS AYUDAN

Las palabras son vacías sin un contexto. Si una madre o un padre dicen: «amor, amor, amor», pero sus acciones dicen: «odio, odio, odio», sus hijos lo aprenderán rápidamente. Los jóvenes entienden la diferencia entre hablar y andar, y es el comportamiento, no las palabras, lo que probablemente mejor aprendan y recuerden.

A los niños no se les olvidará cuando vean a sus padres sirviendo las mesas en cocinas populares, enseñando en las misiones de la ciudad, yendo a los campos misioneros, o repartiendo ropa y muebles usados a los pobres. Tales ayudas quedan impresas en forma indeleble en sus mentes y ni siquiera con la edad se logran borrar.

Con frecuencia los padres creen que les dan ejemplos malísimos a sus hijos. La cuestión es que nadie nos pide que les demos ejemplos buenísimos. En la medida en que los niños avanzan de grado en grado en la escuela, muy pronto se dan cuenta que sus padres tienen defectos. Los niños pueden hacer frente a ese conocimiento.

A pesar de nuestra imagen imperfecta, los niños necesitan vislumbrar el cristianismo en nosotros. Aun en esas breves imágenes de nosotros como ejemplos del amor y de la misericordia de Dios, son suficientes para inspirar y estimular a nuestros hijos.

Ningún sistema escolar, o la iglesia misma, enseñarán tan bien como lo pueden hacer los padres de familia. Verdades y valores fundamentales se aprenden en la mesa del comedor, en los juegos de salón con la familia, y durante las vacaciones o días de campo. Los padres son los primeros en inculcar en los hijos cualidades buenas y duraderas. En vez de preocuparnos tanto respecto de las otras influencias que pudieran afectar a nuestros niños, primero debiéramos interesarnos en la que ejercemos sobre ellos.

El escenario del Antiguo Testamento se aplica todavía en el día de hoy:

«Grábate en el corazón estas palabras que hoy te mando. Incúlcaselas continuamente a tus hijos. Háblales de ellas cuando estés en tu casa y cuando vayas por el camino, cuando te acuestes y cuando te levantes» (Deuteronomio 6:6-7).

Vienen los laosianos

Al igual que la mayoría de las familias, nosotros tampoco hemos vivido sucesos espectaculares. La mayor parte de nuestra vida ha consistido en comprar zapatos, cortar el césped y visitar los parques de la ciudad. Pero algunos acontecimientos nos han impresionado de forma permanente.

Hace varios años, estábamos viendo la televisión y vimos las escenas de familias laosianas encerradas en grandes campos de detención. Pat y yo nos sentimos impulsados por Dios para ayudar a cambiar la situación de alguna de esas familias. Al poco tiempo, nos encontramos con unos amigos y formamos un grupo para traer a una familia de Laos a nuestra pequeña ciudad Aurora, en el estado de Nebraska.

Les informamos del plan a nuestros hijos y los invitamos a participar en el momento en que quisieron ayudar. Nuestra meta era servir a Cristo Jesús ayudando a esta familia, y esos fueron los términos que empleamos. Inclusive, colocamos un jarrón sobre la mesa, donde cualquiera que quisiera podría cooperar en las finanzas necesarias para llevar adelante este noble plan.

Llegó el día cuando abordamos nuestros carros y nos dirigimos hacia Grand Island para encontrar a la familia Bouatick. Y allí, en ese lugar, conocimos a Tou y Kim, a sus dos hijas Le y Loli, y a KhamPheo, una adolescente emparentada con ellos. Todas sus pertenencias eran apenas unos pocos bultos.

Rápidamente trabamos amistad, aun cuando la barrera del idioma hacía casi imposible la comunicación. Cada uno de nosotros señalaba y gesticulaba más de lo que hablaba. Un día, Pat y Kim dieron vueltas sobre el piso, muertas de risa, ya que cada una de ellas se daba plena cuenta de que no entendía ni pizca de lo que la otra había dicho.

Nuestros hijos trataron de enseñarles inglés a los niños y de ser amistosos con ellos en la escuela. Mary usó un aula diseñada especialmente para la enseñanza del idioma inglés, y así enseñar a KhamPheo.

Sus necesidades variaban y nos sentíamos emocionados de ser parte de sus vidas. Una vez, le anunciamos a nuestra familia que recogeríamos ropa para los Bouatick. Si tenían algo para regalar, podían depositarlo frente a la puerta.

Sin mucha tardanza, Mary trajo dos bolsas llenas y las colocó sobre el piso. Su curiosa hermanita, de cuatro años de edad, se puso a ver lo que había en ellas y comenzó a separar las prendas de vestir que Mary había donado.

—Mary —protestó June—, estos jeans son prácticamente nuevos.

—Lo sé —contestó Mary—, pero yo tengo otros y KhamPheo no tiene ninguno.

Nunca sus hijos aprenderán en la escuela actitudes como éstas. Lo mejor que usted puede hacer es ser ejemplo y aprovechar la oportunidad. Por lo general, esto es contagioso. Con frecuencia, ellos superan cualquier cosa en la que ustedes estuvieron involucrados. Las rígidas lecciones de moral no se pueden comparar con el valor de los ejemplos prácticos.

Es muy difícil rechazar a toda una raza cuando uno ha conocido a unos pocos que son estupendos. Es difícil creer en estereotipos cuando usted ha visto los grandes contrastes que existen en los seres humanos.

Cada niño debiera tener ese privilegio: La experiencia aleccionadora y ennoblecedora de conocer a personas que son diferentes. De tales experiencias surge la libertad de aceptar a otros.

Los padres tienen la autoridad de decir: «No jueguen con los niños del otro lado de la calle», o también pudieran decir: «Vayan, jueguen con ellos y diviértanse». Es dentro de estas dos actitudes que podemos inculcar un espíritu en nuestros hijos, el cual les podría durar por el resto de su vida.

*«Ahora bien,
la fe es la garantía de lo que se espera,
la certeza de lo que no se ve».*
—Hebreos 11:1

2

Gracias por...
llevarme a ver el juego.
Nosotros dos solos.

La dignidad que corona la vida es saber que usted es un individuo importante y que no hay ningún otro igual. Rica es la persona que crece sabiendo que alguien piensa que ella es una persona especial. Pobre es el individuo a quien siempre se le trata como si fuera una posesión, alguien a quien se le calcula y con quien se hace un trato.

Cualquier padre que ha llevado a su hijo a alguna cita conoce el valor de la atención individual. Ya sea al salir en una gira campestre o al ir simplemente a comprar donuts, el rostro del niño se ilumina al saber que uno de sus padres quiere pasar un tiempo con él... solamente ellos dos. Si el niño tiene hermanitos, también le gusta hacer cosas con ellos, pero en lo que respecta a ese tiempo mágico, es diferente por haber sido escogido por uno de los padres para usar sus chinelas preferidas. Y por un día o una noche, esos zapatos caseros no podrán caber en los pies de ningún otro.

Nadie quiere sentirse como un niño de segunda. El pensamiento es muy degradante como para concebirlo. Para cualquier niño creer que uno de los padres prefiere a otro de sus hermanos, resulta incómodo y le da sentimientos de inseguridad. Si bien es cierto que pudiera atreverse a admitir que a su papá le gusta más uno de los niños que los otros, en su corazón quiere sentir que este no es su caso.

¿Ha intentado llevar a dos niños a un paseo sólo para enterarse que uno de ellos a última hora se enfermó o que encuentra alguna excusa para no ir? Yo he observado a nuestros hijos que se escapan de salir en grupo por estas mismas razones, desde la época en que tenían seis años de edad hasta los veinte. Ellos anhelaban el trato individual, el esfuerzo concentrado, el mensaje que dice: «Yo me preocupo por ti».

«Niños» es una categoría, mientras que «niño» es una persona. Cada uno necesita ser algo más que solamente «niños».

NINGUNO QUE PUEDA TOMAR TU LUGAR

¿Qué pasaría si usted no llegara a su hogar esta noche? ¿Y qué ocurriría si usted no regresara jamás a su hogar? ¿Llenaría su familia el espacio, tiraría por la ventana sus zapatos viejos y seguiría la vida así como si nada hubiera pasado? Cada uno de nosotros abriga la esperanza de que seríamos echados de menos.

Los niños poseen esa necesidad. El niño quiere saber que, si por alguna razón no volviera al hogar esta noche, ninguno de sus hermanos llegaría a ocupar su lugar. No habrá otro pequeño Juanito u otra Susanita. Aun cuando bien pudiera haber otros niños, ningún otro jamás ocuparía el lugar que él ocupa en el corazón de sus padres.

Muchos niños se dan cuenta de que sus padres lamentan que nacieran, que están tristes porque tienen que mantenerlos y se alegran mucho al pensar que dejarán el hogar. Algunos niños se imaginan que son un problema para sus padres, mientras que hay otros a quienes se les ha dicho tal cosa. Han escuchado declaraciones duras como estas:

«Hay que comprar mucha comida para alimentar a alguien como tú».

«Seré feliz cuando crezcas».

«Es mucho el sacrificio que hago por ustedes, muchachos».

Los padres quizás quieran trasmitir un mensaje, pero se exceden en el proceso. Un niño dijo una vez: «Yo sé lo que significa para ti "un buen tiempo"; es liberarte de los niños». Y el niño estaba en lo cierto.

Los niños deben sentir que son como un brazo para sus padres. Perderlo es como amputarle al padre una parte vital que jamás le volverá a crecer.

Disfrute de sus cualidades individuales

Desesperados por descubrir métodos acerca de cómo criar a los niños, encontramos el sistema de conteo descrito en un libro de Charlie Shedd. El esquema era que si un niño rehusaba obedecer, el padre simplemente decía: «Voy a contar hasta tres para que hagas lo que debes». El padre no decía en qué iba a consistir el castigo; simplemente empezaba lentamente a contar.

Con Mary y Jim el sistema de conteo funcionó a las mil maravillas. Uno de nosotros decía: «Esto es suficiente. Ustedes tienen hasta tres para comenzar las tareas». Al contar, uno ellos empezaban a quejarse. «No puedo encontrar mis zapatos», o «¿Dónde están mis libros?» Firmemente, continuábamos contando. Al llegar a tres, los dos se esfumaban.

Entonces nació June. Ella mostró ser absolutamente independiente, aun desde la cuna del hospital. Una noche, cuando tenía tres años de edad, June rehusó irse a la cama, y yo de inmediato pensé en el esquema que habíamos probado. «Está bien, June», le dije. «Tú tienes hasta tres para irte a tu cuarto. Uno…»

June, se deslizó rozando la pared, se movió más cerca del cuarto. Sin vacilar, grité: «dos». Al salir la palabra de mis labios, June estiró sus piernas en una pose como de agacharse y levantó los puños. Su posición decía: «Ven, papi, tómame si puedes».

June nos enseñó que no todos los niños son cortados por el mismo molde, como galletas. Dios no los hornea en una bandeja grande y los envía por docenas. Mary y Jim, en diferentes ocasiones, demostraron también su individualidad.

Pronto aprendimos a no tratar de hacerlos obedecer como a los demás. No solamente tenían el derecho a ser ellos mismos, sino que sentían la abrumadora necesidad de crecer a su manera, a su propio ritmo de crecimiento.

Si Dios puede hacer miles de millones de estrellas, granos de arena y copos de nieve, y cada uno tiene sus características individuales, es seguro que Él crea a los niños con sus propias identidades. Neciamente hemos tratado de quitarles su personalidad en vez de decidirnos apreciar sus rasgos singulares.

El niño que nunca puede agradar a sus padres llegará a la edad adulta con una tremenda sensación de incapacidad e insuficiencia. El joven tendrá dificultad en aceptarse a sí mismo cuando el mensaje es claro: Tú eres inaceptable.

Sabemos que Dios nos creó con un juego de huellas digitales en la palma de las manos, en los pies, en la voz y aun en el ADN de cada uno. Si un individualismo tan minucioso no le asusta a Dios, tampoco las personalidades individuales debieran atormentarnos.

ESCUCHAR CONFIERE HONOR

Los niños aprenden con rapidez que este mundo es un mundo adulto, un reino en el cual a ellos se los evalúa según su comportamiento. Si hacen lo que se les dice, se les promete una vida con menos molestias. Lo que el niño piensa, valora, siente, sueña, espera, teme o se imagina, tiene poca importancia. Controlamos las tareas y si los niños han de ser aceptados, necesitan realizar las tareas que se les asignen.

Les pregunté a personas que trabajan en lugares educativos cómo descubrían lo que los niños pensaban. Después de una considerable discusión, estuvieron de acuerdo en que no creaban situaciones en las cuales los niños se pudieran expresar sí mismos. Más bien, diseñaban los programas que deslumbraban a los pequeños, y la contribución del niño consistía en que se mantuviera sentado derecho y que no acosara físicamente al pequeño sentado enfrente de él.

Solemos hablarles muy poco a nuestros propios hijos. Después de preguntarles cómo estuvo la escuela y si jugaron a la pelota, la conversación cesa por completo. Raras veces les preguntamos cómo se sienten o qué es importante para ellos.

Los niños tienen opiniones, experiencias, ideales y con frecuencia anhelan que un adulto les diga que lo que hay dentro de ellos tiene valor. Tienen un fuerte sentido de lo que es bueno y lo que es malo, lo que es honesto y lo que es deshonesto, lo que es ficticio y lo que es real. Con frecuencia, sus observaciones son menos complicadas y corteses que las de los adultos. Los padres pueden aprender mucho del punto de vista de un niño con respecto a la guerra y al hambre, al amor y el odio, a la esperanza y a la desesperación.

La generación actual de padres es el resultado del concepto de una niñez estilo hoja en blanco. Esto enseñó que los niños tienen poco para ofrecer, mientras que los padres y los maestros eran responsables de inculcar tanto el conocimiento como los sentimientos, en la mente y en la psiquis en blanco del pequeño. Como un concepto limitado acerca de la infancia, este punto de vista nos hizo descuidar las contribuciones singulares que los niños tienen para ofrecer.

Toda persona se siente honrada cuando se le pide expresar sus pensamientos, sentimientos y opiniones, y quien pregunta espera oír la respuesta. Mostramos respeto y confirmamos su dignidad por el sólo hecho de escuchar las respuestas de la otra persona. Si la interrumpimos o la ignoramos, demostramos así que la consideramos insignificante.

No hace mucho, Bill Moyers, un periodista de la televisión, entrevistó a una destacada educadora en uno de sus programas. Ella dijo que los maestros de escuela necesitaban usar el conocimiento y los recursos que cada niño trae a la clase. El señor Moyers contestó que a él nunca se le había ocurrido que el niño llevara alguna cosa al aula.

Trate de observar a un adulto cuando le habla a un niño. Al entrar otro adulto en el cuarto, por lo general terminará abruptamente la conversación con el pequeño y empezará un tema completamente nuevo con dicha persona. Está claro que no considera el tiempo con un niño de tanto valor como la conversación con un adulto. Exactamente así como uno cortaría el diálogo con un loro, esta persona muestra rechazo al niño.

Hay que aceptar a los niños como dones divinos

Cada niño debiera tener la oportunidad de oír a un adulto decir y al mismo tiempo leerlo en su mirada: «Yo creo que tú eres un don especial de Dios». Y esto, sin tener en cuenta las circunstancias; sin que importe si el pequeño fue adoptado, planeado o si vino como una sorpresa total. Ellos necesitan saber que hay alguien que los acepta como un presente venido directamente del cielo.

Cuando pasen los años y las paredes empiecen a cercarlos, los niños se preguntarán acerca de su valor individual, y necesitarán que aquellas palabras vuelvan a sonar como un eco en la recámara de su alma. Ellos deberían pensar: *Hay un adulto que cree que yo valgo la pena para algo, porque Dios tiene su mano sobre mí.* Cuando uno empieza a sentir que la vida está vacía, esas palabras suministrarán fuerza interior.

Finalmente, debemos observar a nuestros hijos adolescentes que se pararán sobre sus propios pies. Algunos se marchan rápidamente, otros con lentitud, mientras que hay muchos que son como el yo-yo, salen y entran, suben y bajan.

No obstante, los hijos adolescentes parecen atar su individualidad a su dormitorio en el hogar. Mientras su dormitorio se mantenga relativamente igual, sienten que hay un lugar seguro adonde regresar. Pero con cada paso, se aleja por períodos más largos. Está transfiriendo lo suyo a otro nido. Es un asunto aterrador, pero, finalmente, la transición ocurre. Su personalidad, definitivamente es sembrada en otro lugar fuera de la residencia de sus padres. En corto tiempo, la habitación es arreglada de otra forma, se le convierte en un cuarto de costura, o los padres se mudan a otra casa.

La separación total de su cuarto simboliza para el joven la independencia alcanzada. Si su individualidad ha sido respetada y alimentada, los adolescentes se sienten agradecidos a sus padres que les dieron dignidad y honor. El niño fue tratado como una persona con todo lo que los privilegios pueden dar.

LA ATENCIÓN PERSONAL DE UN PADRE

Millones de niños sufren debido a que sus padres simplemente desaparecieron. Una encuesta muestra que cerca de un tercio de los padres divorciados nunca ven a sus hijos ya adultos otra vez. Debe ser difícil sentirse una persona especial si su padre decide borrarlo de su vida.

Por contraste, mire al padre en Marcos 9:17, quien trajo a su hijo a Cristo Jesús. El muchacho no podía hablar, echaba espumarajos por la boca y se caía a tierra. Un espíritu malo controlaba su cuerpo y le provocaba convulsiones.

¿Qué padre no puede imaginarse a este cargando a su muchacho en brazos, con la esperanza de que este hombre extraordinario pudiera sanar a su hijo? Él ya ha estado con los discípulos de Jesús y nada ha logrado. Pero, no queriendo darse por vencido, prosigue hasta encontrarse con Jesús. Imagínese la mirada cansada en los ojos de aquel padre dispuesto a soñar una vez más.

Después que el padre ha superado todos estos obstáculos, Jesucristo le dice que parte del proceso de la curación de su hijo depende de su fe. Escuchen las palabras del padre sufriente, en su esfuerzo desesperado por tener la fe suficiente para salvar a su hijo. Él dice:

«—¡Sí creo! —exclamó de inmediato el padre del muchacho—. ¡Ayúdame en mi poca fe!» (Marcos 9:24).

Mientras leo la historia, me pregunto a quién había dejado en la casa. Es muy probable que tuviese otros niños a quienes también amaba. Pero, en esa hora, su hijo terriblemente enfermo era su foco de mayor atención. Cualquier cosa que tuviera que hacer por este hijo, estaba preparado para hacerlo. Este muchacho era la persona más importante para él en todo el mundo en este momento. Algún día su hijo se daría cuenta de lo mucho que significó para su padre.

Cascara de maní y fútbol

Acostumbrábamos a conseguir los boletos para ver los juegos de fútbol en la Universidad de Nebraska. El fútbol Big Red es tan emocionante como el lugar donde vivo. Los dos pasatiempos favoritos son ver cómo se cultiva y crece el maíz y concurrir al Estadio Memorial en Lincoln. Esto explica por qué durante seis sábados en el año, el estadio llega a ser la tercera ciudad más grande en Nebraska.

Durante cada temporada tratábamos de conseguir cinco boletos para que toda la familia pudiera ir junta. Normalmente, durante el juego, Jim y yo nos quedábamos como clavados y, por supuesto, tampoco nos movíamos durante las actuaciones en los intermedios.

Las mujeres de nuestra familia también iban con nosotros, con entusiasmo, pero su grado de atención era limitado. Se la pasaban contentas la mayor parte de las tres horas comiendo cacahuates, platicando y viendo los globos que volaban a la distancia. Eso me parecía bien. Me sentía como el súper papá, que empujaba a mi familia a concurrir al más grande evento en el calendario cultural de Nebraska.

Un sábado pude conseguir solamente dos boletos para el fútbol. Por algunas razones, me dirigí a June, la niña de nueve años, y le pregunté si iría sola conmigo. Sus ojos se iluminaron en el instante.

Cuando llegó la hora, June se acomodó en el asiento junto al mío, se ajustó el cinturón de seguridad y los dos salimos como un bólido en nuestro viejo Buick, y entramos en la carretera Interestatal 80 rumbo a la ciudad de Lincoln. A lo largo del viaje, ella se mantuvo conversando y saludando con la mano a los vecinos y amigos.

Los dos vitoreamos, gritamos y cantamos con delirio viendo desarrollarse el juego. Después nos detuvimos para comer y hablamos acerca de lo que más nos había gustado en el estadio.

Por lo menos un sábado, una niña de cuarto grado llegó a ser la Reina de los Llanos. Su padre le brindó toda su atención (excepto cuando dieron seis o siete goles). June sabía que ella era especial porque su padre así se lo había dicho, y no tan solo con palabras, sino también a través de sus acciones.

Algunos años después, cuando June estaba en la universidad y nos escribió, mencionó el día en Lincoln, cuando estuvimos juntos, «solamente mi papá y yo».

Algunas veces nos vamos al otro extremo y convertimos a nuestros hijos en el centro de nuestra vida. Dos adultos que detienen todas las cosas debido a las actividades de sus hijos. Existe el peligro de que demasiada y constante atención les haga creer que el universo gira alrededor de ellos. Tal como las plantas a las que se riega más de la cuenta, a los niños les sería beneficioso un poco de apatía.

No obstante, necesitan saber que son especiales a los ojos de alguien (esperanzadamente en el corazón de dos o más personas).

Un niño llorón, envuelto en pañales sucios y que tira la comida, no parece ser un regalo del cielo, pero sí lo es. Si usted lo duda, pregúnteselo a un matrimonio que no ha podido tener hijos. Entienden

39

plenamente que es una bendición procedente de Dios. Los padres inteligentes les dicen a cada uno de sus niños que es un regalo especial de Dios.

> «He aquí, herencia de Jehová son los hijos; cosa de estima el fruto del vientre» (Salmo 127:3).

SOLTAR LAS AMARRAS Y ABOLLAR LOS PARACHOQUES

Cuando un niño empieza a subirse a los árboles, los padres se enfrentan a las decisiones más difíciles. ¿Esperarán por ahí y le prohibirán explorar las jaulas de los monos? O, ¿acaso es hora de que los padres se retiren en silencio, con las manos apretadas en oración, esperando valientemente escuchar un ruido fuerte y el llanto angustioso llamando a la mamá?

Es muy parecido a cuando deseamos saber si soltar un poco más la cuerda de pescar y cuándo halar más hacia el bote lo pescado. Déjelos correr; déjelos probar; vigile que estén seguros.

La respuesta es compleja porque hay muchas variantes. Ello depende de quién es el muchacho, quién es el padre y cuáles pudieran ser las circunstancias. Eso no es lo que nosotros quisiéramos oír. Quisiéramos saber que ocho años y medio es la edad correcta para ir solos a la piscina, o si cerca de los once años es la edad correcta para acampar afuera con los niños del vecino.

Desafortunadamente, el dejar ir es un arte, un cuadro que cada familia debe pintar por sí misma y no hay dos escenas que parezcan iguales.

Podemos contar por lo menos con un resultado: Parece que tanto los niños a quienes se les suelta demasiado temprano, como los que se les suelta demasiado tarde, se resienten. Los sobreprotegidos o los no protegidos, ambos son conflictivos.

Un cantinero en una ciudad universitaria en Kansas dijo que él atiende a jóvenes de las dos clases: los provocadores que crecieron en hogares estrictos donde no les daban libertad y los liberales a quienes les permitieron hacer lo que le viniera en ganas.

Esos dos extremos se prestan también para producir niños tímidos. El que es criado con mucho mimo sufre por falta de experiencia, y a los que animan a intentarlo todo, son abrumados por los desafíos de la vida. El término medio feliz es difícil de hallar, pero vale la pena su búsqueda.

LAS PLANTAS DE LA MAESTRA

Algunas de las mejores personas que impactan diariamente las vidas de los jóvenes son los maestros. Varios de ellos han ejercido una influencia muy grande y de mucha inspiración en mi vida. Pero recuerdo todavía a una maestra que inconscientemente me causó dolor e inseguridad.

Era el último día de clases, y mi maestra del sexto grado se llevaba las plantas a su casa para el verano. Nos había pedido a unos pocos que la ayudáramos a llevarlas a su automóvil.

Con entusiasmo acepté ayudarla, pero, como era un adolescente un poco torpe, siempre estaba tropezando o chocando con las puertas. Al volver de un viaje al automóvil, entré precipitadamente en el aula y choqué contra uno de los escritorios. Allí, frente a mí, estaba de pie la maestra, sosteniendo su última planta. Estiré mi mano para ayudarla, pero ella retiró de mí la planta. Miró por encima de mi hombro y dijo: «Aquí, Freddie, toma tú esta planta», y se la dio al muchacho que estaba detrás de mí.

Décadas después, todavía recuerdo a esa maestra. Fue una de mis favoritas. Recuerdo también a aquella planta insignificante. Cuando me siento alicaído y un poco incapaz, todavía me doy cuenta de que desearía que ella me hubiera dado esa planta a mí. Yo

41

podría haberme caído, pero habría preferido que me hubiera dado la oportunidad de probar.

LAS RUEDAS CAMBIAN TODAS LAS COSAS

La mayoría de los padres tienen por lo menos una historia de terror que contar acerca de las experiencias de sus hijos con el automóvil. Una licencia de manejar causa uno de los cambios más severos en la relación de padre e hijo. Durante los dieciséis y los diecinueve años, se libra una lucha con respecto a cuánta libertad se le debe dar al hijo. Una licencia de manejar catapulta al joven contra la pared y deja a los padres temblando de temor.

La primera vez que un adolescente se va solo con el carro, los padres se sumergen en una desesperación nerviosa. Es lo suficientemente duro que al hijo se le permita llevar pacíficamente a la familia al templo, y después del culto a uno de esos restaurantes donde venden hamburguesas, pero el pensamiento de que maneje solo y, peor todavía, que maneje en compañía de otros jovencitos, es abrumador.

La primera vez que Mary manejó el automóvil sola a Lincoln (75 millas distantes), me produjo tal tensión que hasta las encías me dolían. Nosotros habíamos hecho que practique cómo cambiar una llanta, antes de dejarla que se atreviera a manejar en la súper carretera, pero eso hizo poco efecto para tranquilizar nuestra mente. Nuestra hija mayor, la bebé que hasta hace poco descansaba en mis brazos, estaría completamente sola manejando sobre las avenidas asfaltadas de la vida. En cualquier momento esta bebé ingenua podría ser arrastrada, robada y estrujada en un mundo perverso.

Patricia y yo nos movíamos, irritábamos, orábamos y preocupábamos hasta que, finalmente, oímos el viejo traqueteo acercándose a la entrada del garaje. Cuando Mary regresó, actuamos como si no hubiera sucedido nada importante y como que ni siquiera le hubiéramos dedicado un pensamiento a la aventura. (Mary tuvo dificultad en creerlo, después que le habíamos pedido que se detuviera dos veces en el camino para llamar por teléfono.)

Casi todos los padres pasan por estos momentos angustiosos. Esa es nuestra suerte. Nuestro llamado es con una mano dejarla ir, mientras que con la otra, apretamos el puño y esperamos con ansiedad.

Nerviosamente decimos cosas tan tontas como estas:

«¡Cuídate!»
«No enciendas la radio; te va a distraer».
«No hables por celular mientras manejas».
«Cerciórate de que el seguro esté puesto en las puertas».
«Vigila los frenos; podrías romperte un diente».

En contraste, rara vez decimos:

«Que lo pases bien».
«Ventila el carburador».
«No te apures demasiado para volver a casa».
«Lleva a muchos de tus amigos».

La lucha por retener a un hijo y por otro lado darle libertad, nos presiona simultáneamente. ¿Cómo podrá saber lo que es correcto y lo que no es? Su mejor decisión será mantenerse en el término medio. Si una cerca es aplastada, ore para que no sean dos. Si el costo de su póliza de seguro aumenta mucho tenga la esperanza de que no tendrá que usarla con demasiada frecuencia, o se expondría a perderla del todo.

El adolescente se siente tan asustado como el padre. Pero ambos se dan cuenta de que esa salida tiene que ocurrir. Más tarde, cuando el joven mire en retrospección, se dará cuenta de cuán valiente y generoso fue usted al permitirle algunos privilegios como el de manejar.

La facilidad de manejar en nuestros días le hace a usted pensar cómo hicieron nuestros padres para aplicar una técnica tan rígida en cuanto a esto. Nuestro carro más nuevo es un Mazda. Pensé que sería divertido para todos emprender una nueva aventura, y teniendo esto en mente, compré un carro con transmisión manual.

Nuestros dos primeros hijos tomaron los controles como si fueran veteranos del Indy 500. Sin embargo, June lo percibió más como un rodeo que como un suceso de carrera.

Recuerdo haberme sentado junto a ella cuando tomó los controles. El pequeño sedán negro se movió, aceleró, resopló y se apagó. En cada intento, le aseguraba lo que estaba haciendo bien, y que debía girar la llave y probar una vez más. Con determinación, echó a andar el motor y pronto estábamos deslizándonos en una carretera, estremeciéndose de lado a lado y de abajo arriba.

Sus hermanos me advirtieron de que a June no se le debía permitir manejar ese carro, de lo contrario la palanca de cambios no duraría mucho. Pero nosotros estábamos edificando recuerdos y haciendo piruetas de equilibrio al mismo tiempo.

Experiencias como esta nos hacen preguntarnos si Dios tiene momentos de ansiedad también, al ver a sus hijos crecer. Nuestras posibilidades, tanto para bien como para mal, son considerables, y sin duda que Dios debe preguntarse cuál de ellas, con más frecuencia, elegiremos. Pero, a pesar de nuestra propensión hacia el mal, Dios todavía nos permite vivir en la vecindad de la vida. Él no nos encierra en una caja o nos mantiene pegados al suelo. Al igual que un padre amoroso, permite que cometamos nuestras propias equivocaciones. A través de nuestra experiencia de ser padres, podemos vislumbrar cuán duro le habrá sido a Dios tomar algunas de esas decisiones. Estoy agradecido a Él porque optó por dejarnos manejar el vehículo de cambios y manejar el carro alrededor de la manzana.

Protección del dolor

Los padres, motivados por el amor, tratan de evitar el dolor a sus hijos. Tal actitud es fácil de entender, pero eso es también lamentable. Todos necesitamos darnos unos cuantos golpes, porque son parte de nuestro crecimiento. Los niños aprenderán a enfrentarse a situaciones difíciles y a ajustarse a adversidades, si se les permite resolver sus propios problemas.

Vi una vez a una madre detener su carro abruptamente, salir de él y enfrentarse a algunos niños que estaban parados en una esquina en la calle.

«Ustedes saben que están ignorando a mi hija Angie en la escuela», les dijo ella. «Si quisieran, podrían ser sus amigos. ¿Cómo se sentirían si los demás niños les trataran mal?»

Es fácil apreciar cómo esa madre se sentía y lo que trataba de hacer, pero, ¿qué de bueno sacó? Quiso aliviar a su hija de aquel dolor, pero, el análisis al final, probablemente le creó una mayor agonía.

El poderoso instinto paternal de proteger a nuestros hijos puede cegarnos el sentido común. Ellos tienen que treparse a un árbol, jugar a la rueda, mecerse en la cuerda, tener una cita amorosa, participar en un equipo de deporte y alguna vez ir a la escuela sin la chaqueta. El dolor tiene que llegar a ser parte de su vida, si es que alguna vez han de reconocer y apreciar el placer. El fracaso es parte de la vida, si es que alguna vez han de obtener el triunfo. El rechazo tiene que ser parte de la mezcla, si es que hemos de ser aceptados.

Nunca podremos intentar protegerlos a todos. No hace mucho tiempo, Nell, la tía de Pat, vino a visitarnos. Ella está cerca de los ochenta años y ya hace algún tiempo que se jubiló como maestra.

Una noche de verano invitamos a la tía Nell a venir con nosotros a vernos jugar béisbol, un ritual que hemos observado durante años. Nos llevamos una silla plegable y tratamos de que ella se

DIEZ COSAS QUE SU HIJO LE AGRADECERÁ UN DIA

sintiera cómoda mientras nosotros perseguíamos las bolas a través del campo.

Después de unos minutos de fastidio, la tía Nell abandonó su silla y nos preguntó si podía tomar su turno en el juego. Le pegó a varias bolas y pronto insistió en que quería jugar de jardinera en el cuadro de béisbol. Con espíritu deportivo, persiguió las pelotas y las tiraba al sitio del lanzador tal como si fuera una chiquilla de escuela.

El acto de proteger es arriesgado y se debería practicar cautelosamente a toda edad. Aun cuando todos necesitamos de amparo alguna vez, la protección prolongada o inapropiada nunca se aprecia. ¿Qué adulto ha dicho alguna vez: «Estoy contento de que mis padres me hayan sobreprotegido?»

Hay algunos padres que compran juguetes tan sofisticados y caros que luego no se atreven a dejar que sus niños jueguen con ellos. Hay quienes compran casas junto a parques hermosísimos y, sin embargo, rehúsan dejar que sus niños paseen por entre los árboles. Los padres sabios toleran rodillas lastimadas, mientras esperan cerca con los vendajes listos.

El movimiento fijo hacia la libertad

Afortunados son los jóvenes cuyos padres les dieron más y más libertad en el transcurso de los años. Agradecidos están aquellos a quienes se les permitió navegar por sí mismos y que, no obstante, sabían que tenían un puerto seguro.

Muchas veces se preguntan: «¿Cuándo les cortamos las ataduras a nuestros hijos y les permitimos hacerse adultos?». La respuesta es ir soltándolos gradualmente con un movimiento fijo hacia la libertad. Si se hace esto en forma consistente, tendrán menos dificultades cuando se separen de nosotros, después que se gradúen de la escuela superior.

EL APARTAMENTO DESMORONADO

Cuando nuestros hijos salieron del hogar, estaban completamente acostumbrados a tomar sus propias decisiones. Determinaron si asistirían o no a la escuela, a cuál irían y adónde vivirían. Algunas veces pidieron consejo, pero no con frecuencia.

Esta prudente apertura fue dolorosamente puesta a prueba cuando June seleccionó un apartamento en una parte oscura de la ciudad de Lincoln. Lo escogió, hizo el depósito, se consiguió un par de compañeras de cuarto y se trasladó a vivir allí. Muy pronto nos invitó a ir y ver el lugar donde vivía, y nos pidió que le lleváramos algunas de sus pertenencias de la casa.

Antes de viajar, pregunté a una pareja amiga qué clase de vecindad era donde vivía June. «No hay problema», me aseguraron. «Ya casi no hay crímenes en esas calles como solía haberlos anteriormente».

Cuando Pat y yo manejamos hacia la calle de June, la palabra que teníamos en mente era «emboscada». Entradas oscuras, parques sin iluminación, vegetación por todas partes. Se veían grupos parados a lo largo de las calles, sin ningún propósito o destino aparente.

Arbustos altos crecían pegados a las paredes del edificio. Caminamos con cierta vacilación hacia el vestíbulo de la casa de apartamentos. No había luz que alumbrara las entradas. No nos sentíamos seguros y eso que aún era de día.

June nos mostró sus habitaciones y casi nos desmayamos del susto. La puerta trasera estaba despedazada donde previamente alguien había dado patadas desde afuera.

«No hay problema», dijo June sonriendo. «El dueño de los apartamentos dijo que mandaría a arreglar la puerta y que le pondría un candado extra».

«Eso ayudará un poco», balbuceé incrédulo. «Bonito lugar».

47

Manejé de regreso a casa aquella noche sintiéndome en estado de conmoción. No pude dormir en toda la noche. Me preocupé, me moví de un lado a otro, oré y también me puse a fantasear. Sería sólo cuestión de tiempo antes de que la policía llamara y me pidiera que fuera a identificar el cuerpo. Sabía que eso podía llegar a pasar y, sin embargo, pude contenerme.

Una noche, cuando June volvía a la casa en bicicleta, fue confrontada por un hombre. Más tarde me dijo que el hombre era peludo, pero que ella había controlado bien la situación. Nunca me explicó qué significaba «peludo» y «controlado».

Después que June se mudó de allí, a compartir un apartamento más seguro con su hermana, le dije cómo me había sentido respecto al feo lugar que había dejado. June respondió con alivio: «Estoy contenta de que no dijeras nada. Me encontraba bajo mucha presión. Entre buscar un lugar y conseguir a alguien que se fuera conmigo a vivir allí, no habría podido soportar si hubieras intentado impedírmelo».

Aquello era como Jim subiéndose a los árboles y Mary manejando su auto para salir de pesca. ¿Cuándo retrocede y cuándo se decide a hablar claro? ¿Cómo los padres no se vuelven locos a medida que les permiten a sus hijos irse?

Tenemos un Padre celestial que nos da la libertad para que busquemos nuestro camino de salida. Él no nos mantiene dentro de una burbuja y tampoco nos garantiza nuestro futuro. Algunas veces Él tan solo dice: «Bonito lugar», y nos deja libres para que tomemos nuestras propias decisiones.

3

Gracias por...
decirme que pagarás mi llamada

La comunicación es difícil. La mitad de las veces no estamos seguros de cómo nos sentimos acerca del amor, del temor, del desaliento, de la esperanza y de la desesperanza. ¿Cómo expresamos lo que no podemos entender? ¿Cómo llegar a lo más profundo de nuestros corazones y comunicar lo que pasa allí dentro?

Con todo, agregue a eso el problema de a quién decírselo. Si descubrimos nuestros sentimientos como buenos, los comprendemos. ¿Habrá alguien por ahí que tiene el tiempo suficiente como para escucharnos? ¿Hay alguno, realmente, que se muestre interesado en lo que hay almacenado en el armario de nuestras emociones?

Estas son algunas de las preguntas con las que los jóvenes luchan por encontrar las respuestas. ¿Hay alguien que quiera oír acerca de esto? Los adolescentes quisieran saber que sus padres son buenos oyentes. Cuando necesiten hablar, en su propio horario y de acuerdo a su reloj emocional, ¿estarán sus padres dispuestos a darles la atención que necesitan?

Los jóvenes se quejan de que (en primer lugar) sus padres no los entienden. Y (en segundo lugar) que no escuchan. La mayoría de los padres hemos actuado en conformidad con estas declaraciones una que otra vez. La acusación no es del todo infundada. Agradecido es el joven que siente que su o sus padres, por lo menos, lo intentaron en estas dos áreas.

En un esfuerzo por mantener a su hijo fuera de dificultades, un padre dijo repetidas veces: «Si te metes en problemas, joven, no vengas a mí». El hijo se lo creyó. Cuando tuvo dificultades con la ley, el alcohol, su automóvil o sus compañeros, nunca llamó a su casa. Él no necesitaba un nuevo rechazo de su padre.

Cuando bebía demasiado hasta emborracharse, manejaba durante toda la noche hasta sentirse sobrio. Cuando chocó su carro, no llamó a su padre para pedirle que lo ayudara. Todas las líneas de comunicación se habían cortado gracias a la buena intención del padre.

Cómo habría sido si el padre le hubiera dicho: «Tú eres responsable de cualquier problema en el que te metas; pero si alguna vez necesitas que te dé mi apoyo, llámame». Ese mensaje habla de responsabilidad y de comunicación abierta. En vez de eso, el padre le trasmitió al hijo un mensaje, pero también lo alejó de él.

Los padres sabios le dan a su adolescente dinero y le dicen: «Si algo te pasa, llámame». La invitación es ampliamente abierta. Una red de seguridad se le extiende, en caso de que caiga.

ÉL SABÍA QUE PODÍA LLAMAR A CASA

Durante sus primeros años de jovencito, una noche nuestro hijo Jim estaba en dificultades y me cercioré de ello. Ansiosamente manejé hacia esa área. Descubrí a Jim y le hice señales de que viniera a mi automóvil. Cuando hubo entrado, la expresión de su cara mostraba un obvio alivio.

«Tú sabes que podías haberme llamado», le dije mientras manejaba hacia la casa.

Jim simplemente replicó: «Lo sé».

Las palabras «lo sé» me hicieron sentir un escalofrío por toda la columna vertebral. El sabía que podía contar conmigo. De alguna forma, yo había podido conseguir que ese mensaje le llegara. No me llamó, pero eso era secundario. Jim sabía que podía llamarme.

En la historia del hijo pródigo (Lucas 15), el hijo sabía que podía llamar al hogar. No deseaba llamar a la casa, y no lo hizo hasta que se encontró apacentando puercos y con hambre, pero sí sabía que podía llamar. Cuando se encontró sin nada, inclusive sin su orgullo, regresó al hogar, a un padre que al divisarlo corrió hacia él, lo abrazó y lo besó. ¿Se sintió el hijo agradecido? Pienso que la gratitud que sintió le salía desde los poros.

¿Para qué llamar si sabe que su padre lo va a apartar como se quita el polvo de un mueble? Los padres necesitan que sus hijos se atrevan a llamarlos y que esto sea posible. Los jovencitos necesitan saber que no se les va a despreciar cuando llamen al hogar. Al día siguiente, el padre podrá gritar, estallar en ira y protestar hasta que el cometa Halley vuelva a aparecer. Pero esa noche es «noche de rescate». Tráigalos al hogar y sírvales chocolate caliente.

LLAMADAS A PASAR EN CASA, UNA BENDICIÓN DE DIOS

Cuando las cuentas del teléfono llegan, las llamadas de larga distancia parecen ser un invento de Satanás. Usted piensa que esa es la manera que él tiene de arruinar la economía nacional, así como su propia vida financiera. Pero en la noche, cuando su hijo adolescente llama, angustiado y con ansiedad, sabe que las llamadas «a pagar» en casa fueron creadas por una comisión de ángeles sabios.

Por fortuna, así es también cómo funciona el sistema del teléfono de Dios. Día y noche nosotros le podemos llamar a pagar allá. La cuenta se paga por completo y Él siempre se alegra de oírnos.

DIEZ COSAS QUE SU HIJO LE AGRADECERÁ UN DIA

Aunque aprecia las buenas nuevas, también nos quiere ayudar con las malas.

Los padres terrenales no son exactamente como nuestro Padre celestial, pero sí son un gran apoyo. Si llamo a Dios a la media noche, ¿rehusará aceptar mis peticiones? El pensamiento es demasiado aterrador como para imaginarlo. Poniéndolo simplemente, la Biblia nos recuerda que:

«Jehová oirá cuando yo a él clamare» (Salmo 4:3).

Eso es parte de nuestra red de seguridad. Nuestros hijos lo necesitan.

¿A cuántos niños hemos oído decir algo así como: «Si se lo dijera a mi padre, me mataría»? Algunos dicen que su padre será duro y desconsiderado. Otros lo reconocen mejor. Si bien es cierto que esperan que su padre se encolerice, desean también lograr que se les oiga. No les inquieta que tal vez su padre se incomode bastante por el incidente; el padre tal vez lo hará. Pero lo primero y fundamental para ellos es que se preocupará y los escuchará.

LA LLAMADA A LA MEDIA NOCHE

Imagínese que recibe una llamada en la noche de su hijo adolescente (llamada a pagar en casa, desde luego). Él ha tenido un accidente y lo necesita. De inmediato, mil pensamientos corren por su mente. Quizás los pensamientos incluyan preguntas como estas: ¿Estás bien? ¿Cuánto va a costar esta llamada? ¿Hubo mucho daño? Mi cabello está muy alborotado como para ser visto en público. Tengo que levantarme temprano en la mañana. ¿Tienes un buen automóvil?

La prueba es, ¿qué pensamientos vendrán primero? No se sienta terriblemente sorprendido si algunos de ellos están fuera de orden. Si su mano se mueve directamente hacia su cabeza, sabe que su preocupación es su cabello. Si mira rápido hacia la cama, quizás está deseando que su esposa hubiera contestado al teléfono. Si sus ojos miran hacia el reloj, tal vez esté pensando en que no cumplió con el horario acordado.

La mayoría de los padres dan de inmediato la respuesta correcta: «¿Estás bien?». Usted todavía tiene sus prioridades intactas.

Asegúrese, de que sus hijos adolescentes se sientan agradecidos de que nunca les dijo cosas como:

- «Si quedas embarazada, no vengas para casa».
- «Si te metes en dificultades con la policía, arréglatelas tú solo como puedas».
- «Si estás bebiendo, no me llames».
- «Si tienes problemas, anda y busca a tus amigos para que te ayuden».

Los padres quizás sienten deseos de decir cosas semejantes a estas, pero si son sabios y primero lo piensan una y otra vez. Si no lo ha hecho todavía, algún día déle gracias a Dios por todas las cosas que pensó, pero que se negó a decirlas. Dios puede haberle invadido con rapidez su cerebro con sentido común. Todos decimos muchas tonterías; debemos estar agradecidos por habernos callado en ciertas ocasiones.

Las llamadas a media noche requieren un pensamiento claro y una compasión genuina. Es más fácil decir una idea correcta si nosotros ya nos hemos sentido de igual manera. Cuando nuestra primera y principal preocupación es la seguridad de nuestro hijo, lo más probable es que lo expresemos en nuestra primera o segunda respuesta.

Regresemos a la historia del hijo pródigo. Cuando el hijo volvió al hogar, ¿cuál fue la preocupación fundamental del padre?

«¿Dónde está el dinero?»

«Yo te lo dije».

«No vengas aquí oliendo a pocilga de puerco».

«Bien, espero que hayas aprendido tu lección, joven».

DIEZ COSAS QUE SU HIJO LE AGRADECERÁ UN DIA

«Espero que no hayas embarazado a alguna mujer». Nada de eso. El padre dio abrazos y besos. Le dio a su hijo la bienvenida con los brazos abiertos, lo aceptó, lo perdonó y anunció una celebración. De lo que debe haber hablado con su hijo más tarde, no estamos seguros. Pero lo que sí sabemos es que el muchacho inmediatamente recibió muchas demostraciones de amor.

¿Son sus hijos como los nuestros? Ellos lo han llamado a casa cuando:

- Se les descompuso el carro.
- Se encontraban lejos durante el verano.
- Rompieron la amistad con un amigo.
- Chocaron el automóvil.
- Querían dejar la escuela.
- Se sentían terriblemente solitarios.
- Arruinaron el vehículo.
- Necesitaban de un medio de transporte.
- Querían hacerlo todo bien.
- Necesitaban dinero.
- Deseaban estrangular a un maestro.
- Necesitaban llorar.
- Querían celebrar.

Si lee la lista con cuidado, podré descubrir un patrón. O tal vez parece que lo hay. Lo importante es que sabían que podían llamar y también que nosotros los escucharíamos.

La mayoría de nosotros llevamos una tarjeta de crédito para el caso en que necesitemos ayuda inmediata. Tenemos tarjetas de banco, de teléfono y de seguro médico, porque las vemos como redes de seguridad. Los jóvenes quieren saber que la voz afectuosa de un padre es su red de seguridad a cualquier hora del día o la noche.

Como cristianos, sabemos que la única seguridad total se encuentra en Cristo Jesús. Al final, a la luz de la eternidad, sólo

Cristo puede enderezar lo que está mal. Pero durante esos años cambiantes de la adolescencia, los padres sirven como un reflejo de la seguridad que Jesucristo provee.

SIÉNTASE LIBRE PARA HABLAR

La libertad para llamar significa que los jóvenes no necesitan esconder nada. Ellos no esperan que sus padres rehúsen aceptarlos. Tampoco esperan que los rechacen, los llamen por nombres feos o los hagan sentir como si fueran unos tontos.

Una de las escenas más tristes que he visto en el televisor fue cuando una muchacha que se había escapado de la casa llamó a su hogar. Su madre contestó el teléfono, pero su padre no quiso hablar con ella. Esta joven, rápidamente, regresó a las tinieblas de una ciudad grande y horrible.

Es muy probable que los jóvenes que creen que serán oídos decidan hablar con sus padres. Pero si piensan que los rechazarán y que no los van a oír, lo más probable es que no quieran traerles a sus padres asuntos o temas incómodos.

Una joven le dijo a sus padres que no estaba de acuerdo con ellos en sus puntos de vista sobre el sexo premarital. Fue directa, honesta y hasta gentil. En correspondencia, sus padres le respondieron con la misma cortesía. Le recordaron lo que creían que era más importante y de valor.

Nada de gritos. Ni de conmoción. Nada de ultimátums. Ninguna censura personal. Cada uno actuó como gente civilizada y preocupada. Porque sus padres no la condenaron por su punto de vista, esa muchacha fue libre para cambiar su modo de pensar y hasta, algún tiempo después, estuvo de acuerdo con ellos. Si hubiera habido una escena fea debido a las opiniones de la muchacha, lo más probable es que ella se hubiera apegado a su punto de vista y con más fuerza hubiera hecho resistencia a los valores de sus padres.

Una comunicación abierta significa accesibilidad y tolerancia, ambas cosas. Hay algunas cosas que los adolescentes no se sienten cómodos en discutirlas con sus padres. Pero mientras más grande sea la franqueza, mayor será la posibilidad de una buena comunicación. Si sienten que serán desatendidos, no estarán con mucha disposición de acercarse a sus padres con un problema.

La comunicación siempre es difícil, aun bajo las mejores circunstancias. Además, cuando la exasperación es más grande por causa de la diferencia de edades, opiniones diversas, subcultura juvenil, experiencias distintas, y una creciente individualidad, la comunicación demanda un esfuerzo extra. Muchos padres intentan dialogar con sus hijos adolescentes y al cabo de unos minutos, invariablemente, terminan discutiendo acaloradamente. Muy pronto, ambos bandos se separan frustrados y enojados.

Pero hay que seguir intentándolo. Aun si usted no sale triunfador, sus hijos recordarán que lo intentó. Entenderán que los dos se mantuvieron en posiciones opuestas, en las dos riberas del río, buscando desesperadamente un puente en el cual encontrarse de nuevo. Es bueno si usted puede descubrir el puente. Pero también es casi igualmente bueno el conocimiento de que ambos estuvieron buscando ese puente.

Dios no quiere oír de mí sólo cuando me estoy comportando bien. Él no quiere que únicamente llame cuando estoy de acuerdo con las cosas que acontecen. Cuando estoy confundido, rebelde y me siento inseguro y perdido, Dios quiere que le clame. No pienso que Él me va a colgar la llamada ni que se va a resistir a escuchar mis ruegos y mis quejas.

Reclamar justicia y permanecer en calma

Cuando el debate sobre el aborto estaba más candente y los ánimos de la gente estaban superexaltados, Mary tomó una pancarta y se paró en la esquina de una calle. Quería que alguien escuchara el clamor de su corazón. Las palabras aparecían escritas en un pedazo de cartón, pero la pasión que se escondía detrás de aquellas palabras expresaban un sentido profundo de justicia.

Posiblemente algunos de sus amigos no apreciarían su posición, o tal vez sus jefes no estuvieran de acuerdo con lo que hacía, pero ese era el riesgo que Mary tuvo que correr. Quería caerle bien a la gente, pero, más allá de su necesidad de ser aceptada, esta estudiante graduada tenía que arriesgarse por lo que creía correcto.

Sin duda que recibió su sentido de la justicia de las batallas que se libraban dentro de su alma. A menudo, Mary está en desacuerdo con sus padres respecto a lo que es recto y a lo que se debiera hacer. Pero siente la libertad de arribar a sus conclusiones, luchar en defensa de las mismas y a expresar su propia manera de pensar.

Esas son dos libertades por las cuales los adultos jóvenes pueden estar tremendamente agradecidos. En primer lugar, el estímulo de sopesar su sentido de lo que es bueno y de lo que es malo. En segundo lugar, la libertad de expresar sus valores de la manera en que a ellos les parece mejor.

Los padres, con frecuencia, intentan anular los sistemas de valores de sus hijos. Motivados por el temor de que ellos tomen malas decisiones, los adultos se esfuerzan por ejercer el control sobre las mentes de los jóvenes. Como consecuencia, terminamos con jóvenes adultos amargados, quienes reparten golpes a diestra y siniestra para expresar su sentido de justicia e injusticia.

Antes de decirles qué hacer, pudiéramos ser un poco más inteligentes dándoles permiso para que mantengan sus convicciones. El niño siempre se mostrará agradecido al descubrir que se le permite libertad de acción. Cuando el sentido de justicia viene como un mensaje del Espíritu de Dios, el hijo adolescente estará entonces más apto para aceptarlo como una misión.

La frustración surge cuando los padres requieren que sus hijos hablen claro sobre ciertos asuntos prescritos. El gozo es el resultado cuando se les ha animado a los hijos a «decidir por su salvación».

Conocemos a una madre que constantemente se quejaba porque su hijo no participaba en las misiones. Ella le hacía insinuaciones tan grandes como una locomotora. Gesticulaba y hablaba atropelladamente, esperanzada en que su hijo cumpliera lo que ella pensaba. Sintiéndose acosado, tomó la determinación de nunca hacer nada que ni remotamente estuviera relacionada con las misiones.

Esta madre creó un callejón sin salida al negarle a su hijo la libertad de que él siguiera a Cristo por su propia voluntad. En la actualidad, él ni siquiera escucha al Espíritu Santo. Tiene miedo de que sea tan solo el eco de su madre regañona.

HAY QUE DEJAR QUE LA JUSTICIA
VENGA NATURALMENTE

Hay una vasta diferencia entre el permiso y la presión, permitirle a nuestro hijo que haga alguna cosa o presionarlo a que haga otra. Esa diferencia explica el porqué nuestros hijos con frecuencia hacen exactamente lo opuesto a lo que sus padres desesperadamente quieren que hagan o que no hagan. Los niños perciben la presión como un intento por esclavizarlos. A menudo, los padres desean vivir sus vidas a través de sus hijos. Los niños son lo suficientemente inteligentes como para reconocer eso, y lo rechazan. Si reciben el sentido de justicia de sus padres, deben aprenderlo naturalmente. Debe recibirlo poco a poco y no embutírselos por sus gargantas.

Algunas de las declaraciones más tristes que se escuchan por ahí son: «Yo me hice ministro para complacer a mi persuasiva tía», o «Yo fui al campo misionero porque mis padres siempre esperaron eso de mí». Por los caminos cristianos están esparcidos los desilusionados fracasados quienes se esforzaron mucho para hacer realidad los sueños de sus padres.

Empezamos con la premisa de que la justicia es una parte integral tanto del Antiguo como del Nuevo Testamento. Isaías nos prometió que el Mesías traería justicia a las naciones (Isaías 51:5), y Mateo nos lo recuerda también: «(Jesús) proclamará justicia a las naciones» (12:18 NVI). La justicia debe desempeñar una parte importante en la experiencia y la expresión de cada cristiano.

Pero, ¿qué pasaría si eso no llega a nuestros hijos?». Esa es la preocupación de muchos padres cristianos. Si los niños no lo ven en nosotros, y forman después su propia voluntad, esto de todas formas nunca será parte de ellos. Cuando los padres fuerzan los valores sobre sus hijos, esos valores vienen a ser sólo complementos. Nunca llegan a ser parte integrante del niño. Todos sabemos esto; no obstante, lo que la mayoría buscamos es que ellos se adapten a nuestros planes, de cualquier forma.

Una jovencita habló en una convención a la que asistí. Todos estaban admirados de su presentación. Pero hubo dos cosas que a mí me perturbaron. Una, el vocabulario no era propiamente de ella. Dos, el tema que con tanta pasión expuso, no era el de su propia experiencia. Obviamente, sus padres la habían ayudado a aprenderse las palabras y la habían instruido a emplear sus emociones con efectividad. La causa le había sido añadida a su vida. Como un simple espectador, me pregunté hacia dónde la conduciría esa clase de manipulación.

¿Dónde trazamos la línea divisoria entre la participación del niño y la manipulación no saludable? Los niños que algún tiempo después se sienten utilizados, con frecuencia se rebelan contra la causa misma a la cual sus padres les empujaron con tanto ardor.

En el Medio Este había un hombre, hijo de padres misioneros, a quien los japoneses habían capturado su familia. Años más tarde regresaron a los Estados Unidos. Como joven testificó acerca de Cristo tanto en el campo de concentración como en el viaje de regreso al hogar. Hoy, ya de edad avanzada, no desea hacer nada que esté relacionado con el evangelio de Cristo Jesús.

59

La pregunta que vale la pena hacernos es si el testificar fue alguna vez su propia idea. ¿Fue alguna vez parte de su entereza o espíritu o tal vez fue programado por su ambiente y por sus padres para cumplir con una función, la cual en verdad nunca fue parte de su vida?

No podemos exigir un sentido de justicia. No podemos «cubrir» a nuestros niños con lástima. Primero, el ejemplo debe ser dado por padres que sí se interesan, y en segundo lugar, debiéramos estar contentos en dejar que el Espíritu Santo trabaje en sus corazones. A menudo es difícil que los padres se apoyen en esos dos recursos. Todavía queremos dar un empujoncito.

Cada tres o cuatro meses una niñita toca a la puerta de mi oficina. Es dulce y educada, vende galletitas para ayudar al sostenimiento de una iglesia en una ciudad vecina. Va de puerta en puerta, solicitando ayuda mientras la madre la aguarda afuera en el automóvil.

Para mí, es una imagen deprimente: controlada, manipulada y sin saber lo mucho que está siendo usada. ¿Es esta su idea o despertará algún día para verse a sí misma como una víctima? ¿Se enojará algún día con Dios y con su madre? La posibilidad parece estar allí.

La tentación es sentir eso, porque los niños son demasiado jóvenes para entender la necesidad de justicia y compromiso, deben obligarse a trabajar. Se arguye que más tarde van a llegar a apreciar lo que hacen. Bien pudiera haber un grano de verdad en esto, pero el riesgo está en la reacción de ellos cuando descubran que fueron utilizados como una ficha en el juego de ajedrez de otro.

UN REO EN NUESTRO HOGAR

Nadie nos confundiría con los grandes reformadores de prisión en la historia, pero tuvimos un convicto en nuestro hogar por cinco días. Kevin fue parte de un proyecto de trabajo y vino a nuestra comunidad para ayudar a pintar una casa perteneciente a una familia necesitada.

Aun cuando Kevin no había cometido un crimen violento, su presencia nos hizo sentir un poco más que nerviosos. Mi principal preocupación era si debía cerrar con llave nuestro aposento durante la noche o no. Si lo hacía, ¿debía también pedirle a los niños que cerraran los suyos? O, ¿debía simplemente mantener mi imagen de hombría, y en secreto asegurar mi puerta mientras los niños quedaban indefensos en el caso de que hubiera un alocado ataque a media noche?

Eso ponía a prueba una gran crisis de fe. ¿Era yo un discípulo intrépido de Cristo o un amedrentado cristiano escondiéndome en mi aposento? ¿Había expuesto a mi familia a una situación peligrosa, o en alguna forma había abierto sus vidas a la posibilidad de aceptar a otra gente, sin tener en cuenta su pasado?

Mientras Jim y Kevin hablaban, me preguntaba qué clase de influencia podría ejercer el uno con el otro. Mi hijo aprendía de un reo convicto quien profesaba ser cristiano; pero nosotros no sabíamos exactamente qué estaba aprendiendo Jim.

Algunos de la ciudad no estaban contentos con que trajésemos prisioneros a la comunidad, y así lo expresaban. Muchos otros apoyaron el proyecto con entusiasmo. No hay, en apariencia, mala intención en el hecho, pero nos preguntamos qué efecto tendría sobre nuestros niños, por la controversia y el mal entendido que se produjo.

Concluimos que semejante situación sólo podía ser de ayuda. Un poquito de controversia no dañaría a ninguno; todos debieran aprender a sentirse a gusto con los malos vientos que soplan. A los niños no se les estaba usando ni tampoco se esperaba que asumieran una responsabilidad directa por las acciones de sus padres. Y nadie fue mutilado, robado o decapitado durante la noche.

Básicamente, Pat y yo somos reacios a precipitarnos en situaciones inquietantes. La mayor parte de nuestros llamados por justicia los enviamos por correo. Ellos van a parar donde no se les nota, en la pantalla de algún computador legislativo sin corazón, o virtualmente ignorado. Nuestra posibilidad de riesgo, por lo general, está limitada a los emails enviados y a una o dos oraciones creativas. Sin embargo, la incursión ocasional en la arena de la justicia ayuda a despertar los sentidos al mundo que nos rodea. Ello también le dice a la familia que hay vida aun más allá de los juegos de video.

El ejemplo tal vez sea la mejor herramienta de entrenamiento. Los niños necesitan ver más bien que sólo oír acerca de nuestros conceptos de buen comportamiento. Ellos también necesitan saber dónde yacen nuestras pasiones, sin que importe cuan imperfectas puedan ser.

«Instruye al niño en su camino, y aun cuando fuere viejo no se apartará de él» (Proverbios 22:6).

Justicia sin neurosis

En algún punto en sus vidas, la mayoría de los niños se vuelven perfeccionistas. Esto puede ser difícil de creer si es que usted tiene un hijo adolescente, pero la etapa del perfeccionismo viene y se va. Para algunos, la fase dura años y, en unos pocos casos, nunca logran salir de ella.

Mientras juegan con la necesidad de ser perfectos (alrededor de los 11 y los 30 años), el concepto de justicia podría llegar a ser abrumador. Porque las necesidades de la humanidad a escala mundial son infinitas, muchos de los jóvenes se vuelven mórbidamente preocupados con respecto a las terribles condiciones existentes. Cuando van a los extremos y se sienten «condenados culpables», puede ser que necesiten de la ayuda de un padre que les haga volver a la realidad.

Supimos de una pareja cuya hija quinceañera se paralizó emocionalmente debido a las necesidades que hay en el mundo. En poco tiempo perdió su sentido del humor y todo lo vio trágico y crucial. Si veía a sus padres comer ensalada de lechuga, les daba un discurso sobre relaciones laborales. Antes de que pasara mucho tiempo, ya no podían tirar una lata de gaseosa, comprar rosetas de maíz en el teatro, o mencionar la palabra humanidad, sin tener que escuchar una conferencia sobre la relevancia social. Ella ya no veía nada que fuera divertido, luminoso o disfrutable. La vida se le había vuelto extremadamente seria.

En parte a su propia necesidad de sobrevivir, y en parte a la preocupación por su hija, los padres decidieron intervenir. Una noche, a la hora de la cena, cuando la muchacha empezó a exponer una nueva causa, la madre le dijo de plano que se callara. Le explicó que ya estaba yendo demasiado lejos en eso de las conferencias sociales; ya era tiempo que se calmara. La peor cosa que podía perder era su sentido del humor. El ser una abanderada estricta para Cristo no era beneficioso para nadie.

A partir de ese día, la hija empezó a disfrutar de una vida un poco más balanceada. Justicia y misericordia continuaron siendo fuertes intereses, pero ahora los abordaba con una dosis apropiada de sobriedad. Tiempo después, dijo que apreciaba la intervención de su madre, y reconoció que aquel momento fue de vital importancia para ella. El celo por una causa debe equilibrarse con una perspectiva adecuada.

A menudo nos tropezamos con individuos que están agobiados con lo que deben y no deben hacer. Ellos quizás crecieron en un ambiente donde se les alimentaba a diario con una dieta de estricta obligación. Como metidos en un molde y apretadamente ajustados en él, llegan a ser como Marta en Lucas 10, quien no pudo eximirse de su deber y disfrutar a plenitud de la vida.

Bendiga a sus niños con una sed de justicia, pero no los maldiga con un insaciable sentido de culpa.

CARIDAD SIN NADA DE PENDENCIERO

Los jóvenes que se criaron en una casa de «muchas cargas», tienden a volverse muy críticos de los demás. Se esfuerzan al máximo por todo y no pueden entender por qué otros no son tan dedicados como lo son ellos. Por consiguiente, si ellos se interesan en exceso por los desamparados o por los perdidos, no pueden entender por qué no todos tienen la misma preocupación. Otros son juzgados por sus propias normas y resultan tristemente carentes de muchas cosas.

¿Cuántos jóvenes (o adultos también) vuelven de una asignación corta de obra misionera, o de un ministerio de servicio y testimonio en el centro de una ciudad, enojados o, por lo menos, en un actitud crítica hacia los demás, sólo porque no son participantes activos? Yo no he hecho una encuesta oficial, pero parece como un corte diseccional. Ellos quieren saber por qué no todos oran a las cinco de la mañana, o por qué están ociosamente sentados viendo televisión, o por qué nosotros no vendemos todas las cosas que tenemos y se lo damos a los pobres, o por qué no nos mudamos de nuestras casas confortables. Están enojados con el mundo y llevan esos sentimientos muy adentro de ellos.

Nuestros niños estarán muy agradecidos si los liberamos de actitudes de juicio y hostilidad. Si los criamos para que sean policías de la moral, los condenaremos a una senda de frustración y aislamiento. Libérelos del fuego ardiente de actitudes que amenazan con consumirlos.

Si podemos ser un modelo de vida balanceada de compasión y justicia con alegría, es probable que nuestros niños quieran tener una vida similar. Compasión sin alegría es una rueda sin llantas, lo cual hace que rodar por la carretera sea algo terrible.

4

Gracias por...
bautizarme en el río

Todos los padres cristianos quieren que sus hijos sean cristianos. Es de lamentar que no todos lo verán. Pero cuando ellos toman esta decisión, los padres sienten que sus hijos ya están del todo completos. Han experimentado el cambio de mayor importancia que en toda su vida pudieran tener.

Los ángeles se regocijan en el cielo cuando un niño acepta a Cristo, y los padres danzan de gozo en sus corazones. Saben que una entrega genuina y personal a Cristo es el más grande logro que pudieran alcanzar en esta vida.

Pero en nuestro entusiasmo por verlos convertirse en cristianos, ¿estamos dispuestos a permitirles tener esa experiencia como algo propio? Si un niño, con el tiempo, siente que fue llevado a tomar una decisión que no entendía, quizás vea su vida cristiana como meramente una simple función que cumplir, más que una pasión a llenar.

Hace poco, le pregunté a un grupo de cristianos si les gustaría servir a Cristo Jesús. De los doce encuestados, ninguno sentía deseos de trabajar por Cristo. No eran discípulos frustrados, sino que no se consideraban a sí mismos como verdaderos discípulos.

No hay mucha vida allí donde una persona ve la entrega cristiana tan solo como otra manera de complacer a sus padres. Se espera que los hijos vayan al colegio, llamen a la casa con regularidad, vengan para el Día de Acción de Gracias y también que se hagan cristianos.

La razón por la cual tantos estudiantes universitarios no asisten a la iglesia durante su primer año, y unos pocos más, en los recintos de la Universidad, es un intento de declarar su independencia. Quieren probar que pueden dejar de asistir a los servicios de la iglesia y pasarla bien de todos modos. Los jóvenes cuyos padres no manipularon su decisión de seguir a Cristo tienen menos necesidad de desafiar las normas.

Sé de varios jóvenes que fueron forzados por sus padres a ir a una Escuela bíblica. Sintiéndose controlados y manipulados, se rebelaron contra la escuela porque la vieron como una extensión de la mano fuerte de su padre. Aun hoy, muchos de ellos siguen amargados debido a que sus padres trataron de dictar sus vidas espirituales.

Declare la independencia

Los padres inteligentes dan gran libertad a sus hijos para que tomen sus decisiones espirituales. Creen que ellos pueden tener experiencias genuinas con Cristo, por sí mismos, las cuales exceden aun sus propias expectativas. A sus hijos se les da permiso de salir a comer solos y comunicarse espiritualmente con Cristo bajo sus propios límites.

Cuando June quiso bautizarse a la edad de veinte años, la decisión fue suya por completo. Nuestra iglesia local había planeado un servicio de bautismos en el río, y a mí se me pidió participar en su entrega a Cristo. Gran parte de mi gozo se debió al hecho de saber que la decisión de bautizarse fue completamente de June. No lo hizo para complacer o impresionar a sus padres.

Al estar yo en el río y bautizar a mi hija en el nombre del Padre, del Hijo y del Espíritu Santo, me sentí feliz de que June hubiera tomado su propia decisión.

Con anterioridad, había bautizado a otro de mis hijos y el tercero no lo había pedido aún. Pero cuando ese muchacho lo decida, eso saldrá de su propio corazón. Los tres afirman tener fe en Cristo como su Salvador y «preparan» sus creencias individualmente.

Son muchos los padres de familia que se comen las uñas por el temor que a sus hijos no les sigan en sus pisadas espirituales. Tienen temor de que lleguen o no a hablar en lenguas. Se preocupan por saber si querrán o no involucrarse en la obra. Se atormentan pensando si asistirán a una iglesia que bautice por inmersión, rocío o aspersión.

Algunos hijos sienten la presión, incluso si tienen treinta o cuarenta años de edad, porque sus padres continúan vigilándoles la vida espiritual y juzgando su dedicación y testimonio cristianos. Es como si sus padres se hubieran convertido en sus policías espirituales. Aunque ya son adultos libres, permanecen atados a padres muy críticos que dan su aprobación o desaprobación a cada decisión que ellos tomen.

Un padre siente satisfacción al darle a sus hijos una total libertad religiosa. «Uno de ellos va a una iglesia de gente presumida», explicó él. «Mucha liturgia, música clásica y abundante lectura en el servicio. Otro asiste a la «Iglesia Que No Exige Nada». Allí se reúnen en círculo y todos interpretan las Escrituras como a ellos les parece mejor. Los adoradores pueden llevar sandalias y jeans. La tercera es un satélite cristiano. Los días que logra levantarse, flota de iglesia en iglesia sólo para probar. No sé si hicimos bien o mal, la cosa es que nos resultó así». Me encantan esos tres jóvenes, porque lo están haciendo a su propia manera.

¿Es la entrega a Cristo el verdadero asunto?

Al fin y al cabo, los hijos comprenden lo que sus padres consideran importante. Saben si están interesados en apariencias, dedicación, servicio o Jesucristo mismo. Si los padres están sólo interpretando papeles religiosos, sus hijos podrían decidir seguir ese patrón o bien podrían romperlo.

Cada padre hace bien en preguntarse si el verdadero asunto es su entrega a Cristo. ¿Es nuestro gran deseo y oración que nuestros hijos sean uno con Cristo y sean dirigidos por el Espíritu Santo? Si ese es el caso, podemos estar menos preocupados acerca de qué tipo de culto siguen, o si asisten o no al desayuno de oración de los hombres.

Porque Cristo nos alienta a que no nos juzguemos unos a otros. Seguramente Él quiere que esa gentileza la extendamos también a nuestros hijos. Con ese fin, tenemos que llevarnos las manos atrás y dejar que nuestros hijos «corran» con Cristo en su propia carrera.

Desafortunadamente para muchos padres cristianos, libertad ha venido a ser sinónimo de malo. Por medio de sus acciones, trasmiten conformidad, control y complacencia como si fueran señales de espiritualidad. Para ellos les será difícil dejar que sus hijos vayan y sigan a Cristo por sí mismos.

Cuándo hablar alto

Repetidas veces algunos adultos jóvenes nos han dicho que no quieren el consejo de sus padres a menos que lo pidan. Una persona dijo que rehusó hacer lo correcto, sólo porque sus padres le dijeron que tenía que hacerlo. ¿Suena esto a orgullo juvenil y la lucha por la independencia?

A pesar de mi «libertad espiritual» como vía de acceso, recuerdo una noche con claridad cuando intervine y le pregunté a una de mis niñas qué decisión debía tomar.

Mary se había ido a la facultad y, mientras estaba allí, se había involucrado en un ministerio universitario. Yo estaba familiarizado con el grupo y entendía saber algo sobre el concepto de control que tenían. Demandaban obediencia total al liderazgo y no apoyaban ningún desacuerdo o expresión individuales.

Sabía que Mary no buscaba particularmente que le diera mi opinión o mi bendición. Pero debido a la capacidad, la energía del grupo para controlar las mentes y al daño espiritual, me dio pánico. Habían dejado muchos cuerpos espirituales esparcidos a lo largo del camino y me atemorizaba con las historias de horror que sus víctimas me contaron.

Cuando Mary vino a casa un fin de semana, decidí romper con todos los dogmas de la crianza de los hijos que consideraba sagrados. Tarde en la noche, me senté junto a ella y le hice preguntas mordaces acerca del grupo. Entonces, con agonía del alma, le dije lo que pensaba de las tácticas del grupo y de la caída final.

Quizás eso no sea duro para algunos padres, pero para mí representaba un serio conflicto de conciencia. ¿Estaba interfiriendo? ¿Estaba dirigiéndola mal? ¿Estaba alejándola de una rica experiencia espiritual? En mi corazón creía que la protegía de un desastre espiritual. Era una de esas tremendas decisiones del alma, la cual no disfruto.

No fue inmediatamente, pero al poco tiempo Mary salió del grupo. Más tarde, habló de los problemas que vio y cómo había cambiado sus criterios respecto al grupo mientras estaba participando en él.

No hay una regla general de cómo o cuándo, o si el padre debiera intervenir o no. Hay, en definitiva, un tiempo para hablar alto y un tiempo de mantenerse en silencio. Los padres sabios seleccionan

69

esos tiempos con cuidado y prudencia. Pero si vamos a correr el riesgo, entrometernos lo menos posible.

ADULTOS ESPIRITUALES

Se puede encontrar una guía profunda en Gálatas 4:1-7. El apóstol Pablo traza la analogía de que bajo el antiguo sistema nosotros necesitábamos de la Ley para que actuara como nuestro guardián, luego Cristo nos redimió y nos dio una posición plenamente espiritual. Ahora somos herederos de Dios y no esclavos de la Ley.

El renacimiento espiritual nos deja en libertad de seguir a Cristo como individuos. Cada uno es un sacerdote que tiene acceso directo al Padre celestial. Sería insensato y dañino esperar que nuestros hijos permanecieran bajo nuestra dictadura espiritual.

Nosotros les podemos dar una herencia doble. Primero, les trasmitimos un ejemplo espiritual de fe y entrega a Cristo Jesús. En segundo lugar, les permitimos madurar espiritualmente de modo que puedan tomar sus propias decisiones.

EJEMPLOS ESPIRITUALES

El desafío de ser un ejemplo espiritual para nuestros hijos es una enorme responsabilidad. Los padres deben darse cuenta de que un ejemplo cristiano casual tiende a producir cristianos casuales. Cristianos de domingos tienden a producir cristianos domingueros. Aquellos que debaten temas espirituales, quizás produzcan polemistas; los cínicos probablemente tal vez produzcan cínicos, y aquellos quienes siempre critican el liderazgo en la iglesia, posiblemente producirán hijos con la misma tendencia. Por fortuna, no siempre este es el caso.

Es probable que la manera más constructiva de ejercer influencia sobre las vidas cristianas de nuestros hijos sea por el liderazgo.

Las palabras de sabiduría no son suficientes, pero una vida modelo puede dejar un impacto increíble.

Pablo lo dice de esta manera: «Sed imitadores de mí, así como yo de Cristo» (1 Corintios 11:1).

Los padres que trabajan con niños abandonados, los que visitan los campos misioneros, los que visten a los pobres, enseñan clases especiales, corren riesgos, visitan las cárceles y oran, son los que con más probabilidad reproducen a personas como ellos. Aquellos que fuerzan a sus hijos a ir por las sendas que ellos mismos no escogieron, terminan en desastre.

No sabemos si les dejaremos a nuestros hijos una herencia material o no, lo que es cierto es que deseamos dejarles una herencia espiritual. Los hijos pueden despilfarrar una herencia espiritual así como también pueden abusar de una financiera. Sin embargo, eso no debiera detenernos de dejarles una herencia espiritual. Aun si esta pareciera pobre y hasta harapienta, les podemos dejar algo. Las antiguas sillas mecedoras son populares, las cobijas son buenas, los carros antiguos son un escándalo, pero una herencia espiritual es de muy alto precio.

> «Alumbrando los ojos de vuestro entendimiento, para que sepáis cuál es la esperanza a que Él os ha llamado, y cuáles las riquezas de la gloria de su herencia en los santos» (Efesios 1:18).

UNO DE AQUELLOS

Una madre le preguntó a su hijo adolescente adónde iba. Le respondió que se dirigía a un estudio bíblico. Ella le replicó: «Ay, caramba, tú no vas a convertirte en uno de esos, ¿verdad que no?»

Mientras crecía, el joven nunca pudo olvidar tan ácida afirmación. Su madre no quería nada relacionado con tanta espiritualidad y tampoco quería que su hijo fuera tan místico.

El estudio bíblico le daba fortaleza. Los que asistían le daban calor y amor. Todas esas cosas le añadían confianza y le daban un propósito a su vida.

Pero no podía olvidar el comentario de su madre, el cual había lacerado su corazón durante tres décadas. Aun cuando probablemente no se diera cuenta del impacto que le causó a su hijo, él todavía está resentido porque desaprobara lo que para él era de vital importancia.

Tenga usted cuidado de no arruinar la disposición espiritual de otro. Lo más probable es que se resienta por una intromisión como esa.

De manera apropiada la Biblia nos advierte de que no debemos apagar el fuego del Espíritu (1 Tesalonicenses 5:19). Apagar el fuego en nuestra propia vida ya es lo suficiente malo, pero tratar de extinguirlo en la vida de otro, es cometer un serio error.

Como padres, los vemos irse. Puede ser que se vayan a los barrios pobres a dar clases a los niños o a explorar las colinas de Vermont para organizar Escuelas bíblicas de vacaciones; hasta pudieran ir a otro país a servir durante un verano y nosotros sabemos que el poder del Cristo va con ellos. Eso debiera ser suficiente. Denles la libertad de ir adonde el Espíritu Santo de Dios los guía.

Amor y noviazgo

Cuando Jerry supo que el estado de salud de su padre empeoraba, se apresuró a ir al hogar en Nashville. El cáncer lo estaba matando, pero todavía estaba coherente.

Sentándose al lado de la cama en el hospital, Jerry le tomó la mano a su padre envejecido y acercándose aún más a él, le dijo:

—Papá, yo quiero que sepas que te amo.

—Tú eres un buen hijo —le respondió.

—Tú me oyes, ¿no es cierto? —le dijo Jerry con vehemencia—. Quiero que tú sepas que yo te quiero.

—Cuida de tu madre en mi lugar —le pidió el padre en el mismo tono.

Jerry salió del cuarto enojado y desalentado. Deseaba con desesperación que su padre dijera las palabras mágicas, y ahora no las oiría jamás. Siempre quedaría el vacío sin llenarse, porque su padre no le dijo que le amaba.

Los hijos que viven con valores opuestos son miserables. Quieren creer que sus padres les aman, pero no logran tener esa seguridad. Como si se tratara de un rompecabezas, a ellos se les deja que armen las piezas de la mejor manera posible. Pero a semejanza de muchos viejos rompecabezas, algunas de las piezas faltan y el cuadro total se hace imposible completarlo.

El silencio es doloroso porque se nos deja que interpretemos las palabras que faltan. Todos sabemos cuán duro resulta entender lo que se dice; así que tratar de descifrar lo que no se dice, es desesperante.

Me quedo asombrado de las personas que dicen que pueden leer algunas cosas «entre líneas». ¿Dónde aprendemos a leer lo que no está escrito? La mayoría no somos tan buenos como para «llenar las lagunas» como nos gusta pensar.

Hace poco, al entrevistar a una actriz acerca de su famoso padre, le preguntaron: «¿Pero cree que su padre la amaba, cierto?»

Su respuesta fue: «Sí, pienso que en realidad sí me amaba».

La respuesta parecía llena de esperanza, aun positiva, pero no había un tono de seguridad en su voz, ni expresión de placer en su cara. Habló con tristeza.

Los hijos sin esa seguridad dedican sus vidas a tratar de crear algo que les reafirmen que sus padres lo amaron. Exageran las señales de afecto de sus padres; excavan muy hondo en busca de indicios que puedan evidenciar amor; racionalizan las ausencias continuas de sus padres.

Es como si estuvieran ante una corte de justicia argumentando a favor de que sus padres son verdaderos seres humanos. Necesitan evidencia de que sus padres, en verdad, les amaban. Cuidadosamente arreglan todos los datos, con la esperanza de que sus argumentos sean al fin y al cabo convincentes.

Las palabras no son suficientes, como tampoco las acciones. Al final, sólo nos persuadimos cuando hemos visto ambas cosas. Si alguien nos dice que ellos nos aman, en un intento de manipular nuestro comportamiento, aprendemos con rapidez cuan vacía es la expresión. Por otra parte, juguetes y electrónica no pueden sustituir las palabras mágicas de cariño.

ALGUNOS NIÑOS NUNCA DUDAN DE NUESTRO AMOR POR ELLOS

No todos los hijos nadan en un mar sin esperanzas al reflexionar sobre el amor de sus padres. No es cierto que están inevitablemente confundidos. Aun los adolescentes, en medio de su gran rebeldía, frustración e ira, saben que sus padres los aman. La duda prolongada del amor paternal, no es necesaria ni es inevitable.

En ocasiones oímos a alguien describir su niñez en términos como estos: «Éramos pobres, pero había tanto amor que ni siquiera lo notábamos». La expresión del rostro, el tono de la voz y el brillo de sus ojos le dicen lo que eso significa.

La presencia del amor genuino puede levantarse por sobre todos los obstáculos y los reveses que las familias pudieran enfrentar.

Esos niños han experimentado un amor que no está apegado a las cosas. Si trasmitimos amor por el hecho de dar objetos materiales, debemos continuar dándolos, o, de otra manera, la fe en nuestro amor se desplomará cuando no les demos más regalos. Por otro lado, el amor que se expresa en el cuidado, en saber escuchar, en la asequibilidad y el sacrificio, se puede ver por su propio valor y se puede atesorar en los corazones de nuestros hijos, aun mucho tiempo después de que hayan dejado el hogar.

¿Cómo se sienten ellos?

Los libros y los seminarios no pueden decirnos adecuadamente cómo se sienten nuestros hijos. Tenemos que preguntarles y escucharlos bien si queremos saber lo que hay en su interior.

Cuando nuestros hijos eran todavía muy pequeños, nos mudamos a una casa al sur de Sterling, Kansas. Frente a nuestra casa de campo había un camino pavimentado. Los automóviles pasaban por allí como volando, sin siquiera pisar los frenos.

Poco después llevé a los niños a dar un paseo por el camino y les expliqué lo peligroso que era andar por ahí. No debían nunca acercarse al camino y nunca lo hicieron.

Cierto día Jim trajo a casa un pequeño perro, al que llamamos Ginger. A Ginger le encantaba rondar por ahí, se metía en el camino y perseguía los automóviles. Por desgracia, Ginger nunca pudo exceder en velocidad a los carros y un día fue atropellado por uno de ellos.

El perro murió al instante, y mientras yacía sin movimiento alguno en el camino, nuestro niño de cuatro años de edad salió de casa. Yo sabía cuan traumático sería para el pequeño Jim tener su primer contacto con la muerte. Tuve que controlar la situación con corrección y sensibilidad. Si yo lo echaba todo a perder, Jim podría crecer con una desviación o afección nerviosa y con algunos problemas de orden sicológico (pensé).

Traté de consolarlo y compasivo le dije en mi mejor tono de padre: «No te preocupes, Jim; vamos a enterrar a Ginger». Saqué del garaje mi viejo carro y, con una pala, puse con cuidado el cuerpo de Ginger en el maletero y Jim y yo nos fuimos a sepultarlo.

Excavé un hoyo y coloqué el perrito dentro de él. Desafortunadamente, el sepulcro era demasiado pequeño. Me dije: «Cálmate. Tú no quieres que a Jim le queden cicatrices emocionales de esta experiencia».

«No te preocupes, Jim», repetí. «Abriremos un hueco más grande».

Jim me miró y simplemente dijo: «¿Por qué mejor no le cortas las patitas?»

Hoy Jim está bien, pero soy yo quien tiene los problemas y afección nerviosa.

Nunca podemos estar seguros de cómo nuestros niños se sienten, en realidad, a menos que les hablemos, les hagamos preguntas y logremos entendernos mutuamente. Con sólo decir que sabemos cómo el otro se siente es pisotear a la gente que amamos y no mostrar interés en su personalidad única.

La relación especial que Dios el Padre y Dios el Hijo disfrutan es cuando los sentimientos se expresan. Con Pedro, Jacobo y Juan como testigos, Dios dijo:

«Este es mi Hijo amado, en quien tengo complacencia; a él oíd» (Mateo 17:5b).

Dios el Padre expresó sus sentimientos para su Hijo abiertamente en muchas ocasiones (Mateo 3:17; 12:18). De igual manera, Cristo estaba expresando adecuadamente su amor por la gente y enseñando la importancia de mostrar nuestro amor unos a otros (Juan 13:34).

Hace poco, Pat y yo recibimos una nota de uno de nuestros hijos, ya adulto, la cual empezaba con las palabras: «Les amo porque…». La gente que imprime las tarjetas de saludo o felicitación no escriben ninguna palabra tan efectiva y de sentimiento tan cálidos como ese pedazo de papel y el mensaje escrito en él.

Casi todos en algún momento hemos tenido dificultad en expresar nuestro amor. Algunas veces las familias tienen temor de que sus manifestaciones tengan algunas connotaciones sexuales y se preguntan cómo serían recibidas.

Uno de nuestros hijos nos dijo una vez: «No sé por qué no les puedo decir a mis padres que los amo». Es difícil, en especial a través de la adolescencia, cuando los niños luchan tan duramente con sus identidades. Pero, si se siente a gusto con la expresión de amor y su significado, necesitan tener muy buenos ejemplos.

El joven tendrá que hacer un gran esfuerzo que diga: «Te amo», a un padre que nunca le ha dicho lo mismo a él.

Los niños parecen empezar la vida con un fuerte concepto del amor paternal. Los pequeños con quienes he hablado sobre el tema, confían en que sus padres les quieren. Los años de la adolescencia parecen ser la etapa cuando comienza la separación. Tal vez sea porque muchos padres tienen y expresan emociones contradictorias y, con frecuencia, no están seguros si aman a este adolescente explosivo.

El desafío está en seguir expresando amor al jovencito que no quiere oírlo. Los padres que lo pueden hacer bajo esas condiciones tienen algo que es muy semejante al amor de Dios.

Cuando Gary era un adolescente por poco vuelve loco a sus padres. Rompió todo tipo de reglas como la de regresar temprano en la noche a la casa, tomar el automóvil sin permiso, como resultado, se volvió imposible vivir con él, y abiertamente desafió a sus padres diciéndoles: «¿Por qué no me echan de la casa? Vamos, háganlo».

Los padres de Gary permanecieron ecuánimes a pesar de tanto abuso, aun cuando llegaron a pensar que no le podrían aguantar más sus groserías. Constantemente le aseguraban a su hijo que lo amaban, aun cuando se sentían como unos imbéciles diciéndolo. Al final, la hostilidad de Gary amainó, y a medida que maduraba, aprendió a decirles a sus padres que él también los amaba.

Estas personas se mantuvieron como ejemplo, aun cuando en realidad era difícil mostrar amor. Tiempo después, cosecharon las recompensas de haberse mantenido firmes cuando habría sido fácil darse por vencidos.

Nadie sabe lo que el Espíritu Santo realizará en las vidas jóvenes. Pero los padres necesitan suministrar tanta semilla como le sea posible cultivar al Espíritu de Dios.

SALIDAS CON SUS HIJOS

Durante nuestra experiencia de familia, leí acerca de cuán importante era «tener citas» con los hijos, y yo estaba deseoso de tomar el consejo de alguien más.

Nunca podré olvidar la emoción en el rostro de Mary cuando le pregunté, siendo una niña de cinco años de edad, si saldría conmigo, sola con su padre, a cenar fuera.

«Sí, sí», dijo Mary, con rapidez y con su cuerpo casi danzando. «Tengo que ponerme mis zapatos», explicó ella. Y entonces, señalando con su dedo hacia mí, dijo: «Regresaré pronto».

Mary desapareció para irse a su cuarto por un segundo nada más, y entonces reapareció. «No te vayas», me recordó.

La mirada en su cara me decía que se sentía tan feliz con la idea de salir conmigo, que no se lo perdería por nada en el mundo.

El amor, para que sea real, hay que traducirlo en acción. Tiene que expresarse y demostrarse, si es que se le ha de percibir como real. Los niños no entienden su teoría. Tampoco captan el amor sutil que está al acecho como sombras en el oscurecer. Los niños pueden interpretar con facilidad los actos sinceros y directos de un amor y una atención manifiestos.

Tener citas con nuestros hijos es uno de los grandes constructores de recuerdos. Crea en ellos un sentimiento de seguridad, de apego y de valor personal, que muy pocos hechos pueden lograr con tanto éxito.

El afecto del padre no puede curar todos los problemas del hijo. Pero sin la suficiente evidencia del cariño paternal, la vida se les vuelve muy difícil. Pregúnteselo a cualquier adulto que se vio privado de ese amor. Esa falta deja una herida que nunca llegará a cicatrizar por completo. Pasan su vejez preguntándose si sus padres les amaron en verdad o si secretamente les rechazaron.

Los niños que ven y sienten el amor de sus padres, por lo general encuentran que les es más fácil comprender el amor de Dios. Si no podemos vincularnos a la idea del cariño paternal, podríamos no entender bien la imagen de un Padre celestial que nos ama. El apóstol Pablo nos da la analogía de la ternura maternal cuando nos dice:

«[...] aunque podíamos seros carga como apóstoles de Cristo. Antes fuimos tiernos entre vosotros, como la nodriza que cuida con ternura a sus propios hijos. Tan grande es nuestro afecto por vosotros, que hubiéramos querido entregaros no sólo el evangelio de Dios, sino también nuestras propias vidas; porque habéis llegado a sernos muy queridos. (1 Tesalonicenses 2:6-8)

EL AMOR QUE SE ENOJA ES DIFÍCIL DE RECONOCER

Muchos padres aman muchísimo a sus hijos, pero se muestran enojados la mayor parte del tiempo. Su problema podría ser que sienten amor, pero no tienen la más remota idea de cómo expresarlo. Y pudieran, en secreto, temer que van a perder a sus hijos.

El tipo de amor que se enoja sostiene con firmeza un látigo sobre el niño, y constantemente está gritando su desaprobación. Y no es que los padres no muestren preocupación o interés. Puede ser que se interesen mucho. Pero como lo comunican de una manera tan negativa, crean un serio dilema en el hijo.

El niño empieza a percibir amor e ira como sinónimos. Aprenderá a no gustarle el amor, o a evitar su expresión, porque el amor es despótico, se impone y resulta dañino.

En ocasiones, el enojo dirigido a una abierta desobediencia o falta de respeto podría ser muy saludable en una relación de amor.

Si se expresa con sinceridad y claridad, el enojo hasta podría reforzarlo.

Pero siempre, una ira que no disminuye, que es esporádica e irracional, entierra el amor y lo hace irreconocible.

Cuando el padre demuestra la ira como una emoción constante, el niño tiene muy poca oportunidad de detectar e identificar su afecto. Esto se debe a que muchos hombres sólo se sienten a gusto en su papel de padre cuando expresan ira, mientras que millones de hijos no saben nada de lo que es el amor paternal.

El amor es una amalgama pobre. Si lo mezclamos con la aspereza, sólo el sabor de lo áspero quedará. Si unimos amor y legalismo, nuestros hijos saborearán la amargura del legalismo. Mezcle amor con egoísmo, y ellos olerán sólo el hedor del egoísmo.

Combine amor con inseguridad y, como la crema, la inseguridad irá hacia arriba.

El amor puro es difícil de encontrar, pero este debe ser el ingrediente predominante. Los niños muy pronto reconocen cuando son manipulados. Pueden reconocer la diferencia entre amor verdadero y motivos ocultos, y cuando lo descubren, se resienten con la mezcla engañosa.

Tan pronto como sea posible, debemos amar a nuestros hijos para su mayor provecho y no por nuestro propio beneficio. Sólo entonces es que comunicamos el amor verdadero.

Cuando Mary tenía solamente siete años de edad, yo me sentí forzado a preguntarme si tenía el valor de mostrarle un amor puro. Ella me preguntó si podía asistir a una película de Disney con un grupo de amigos. De inmediato pensé lo que la gente de la iglesia que yo pastoreaba podría decir. ¿Era la película demasiado controversial? Al final le dije: «Por supuesto que puedes ir». La iglesia no iba a criar a mi hija. Tenía que resolver su petición abiertamente, con sinceridad y no andar con jueguitos tontos de la mente. El gesto amoroso era hacer todo lo que fuera bueno para Mary. Dios espera mucho de nosotros los padres.

5

Gracias por...
olvidar lo que dijimos

Tarde en la noche, Melanie y su madre discutían acaloradamente. Como una adolescente, Melanie no pensaba que necesitaba una disciplina. Pero sus calificaciones de la escuela estaban muy bajas, y su madre se quejaba de que el dormitorio de su hija estaba desordenado. De pronto, Melanie se puso de pie, se tiró el cabello y gritó: «¡Odio vivir aquí! ¡Aborrezco todo lo que hay en esta casa!».

No eran la primera madre e hija que se intercambiaban acusaciones enojosas. Y tal como la mayoría lo haría, lo tomaron de forma personal. Ambas desplegaron su ira y se dañaron mutuamente, por lo menos como para atraer la atención recíproca. Las palabras que se dicen con aspereza en el calor de una discusión, acarrean problemas. Nuestra tendencia es tomarlas como algo personal, y recordarlas por un largo tiempo. Es cierto que las palabras no pueden dañarnos físicamente, pero algunas veces las tomamos y las clavamos en nuestros corazones como si fueran una daga.

A la edad de veintiún años, Melanie abandonó la escuela técnica y le preguntó a su madre si podía regresar a la casa a vivir allí por un tiempo.

¿Se puede imaginar lo que su madre le dijo? «¡Yo pensé que tú aborrecías vivir aquí!» Al cabo de cinco años, retomó la conversación como si hubiera tenido lugar esa mañana. El concepto estaba fresco y las palabras dolían todavía. Aunque la mamá de Melanie no ensayó la escena todos los días, sin embargo, la recordaba lo suficiente como para mantenerla viva.

Debido a que las dos nunca habían discutido con franqueza los sentimientos que causaron el estallido original, la madre se apropió de los sentimientos que estaban aún latentes allí y sin ningún cambio. ¿Quién sabe cuántas conversaciones inconclusas resonaban aún por sus mentes?

CONVERSACIONES INCONCLUSAS

¿Cuántas confrontaciones no resueltas llevamos internamente? ¿Podría escribir media docena de conversaciones penosas incomprensibles que sostuvo con sus hijos y en las cuales nunca llegaron al fondo de la cuestión? Agazapadas bajo la superficie de nuestra mente consciente como cocodrilos durmientes, tales conversaciones pueden estar listas para estallar otra vez en cualquier momento inesperadamente.

¿Oyó alguna vez cosas como estas? «Nunca conseguí nada. Tú siempre quisiste más a Wendy que a mí. Cuando me vaya de esta casa no regresaré jamás. Sé que voy a tratar a mis hijos mucho mejor que tú. No puedo hacer nada aquí.»

Un padre tuvo una fea confrontación con su hija y dejaron de hablarse. Al poco tiempo, fisgoneando en el cuarto de ella, encontró una nota que simplemente decía: «Odio a mi papá».

Él trató de manejar el mensaje filosóficamente, pero en realidad no le fue fácil. Dándose aliento pensó que ella nunca quiso decir eso, colocó el mensaje en la parte trasera de su cerebro y, lo suprimió. Pero durante los siguientes años, siempre que él y su hija se encontraban, aquellas palabras reaparecían en la pantalla de su memoria.

Por fortuna, por fin llegó a ver la declaración como una muestra normal de ira adolescente. Y aunque él y su hija están ahora más cerca el uno del otro, ese padre tuvo que, consciente y deliberadamente, colocar el incidente en su propia perspectiva.

Como Dios conoce la condición humana, nos enseña a través de las Escrituras a usar palabras sanadoras cuando nos insultan. Sólo exacerbamos los ánimos al responder con palabras hirientes.

«Hay quienes hablan como dando estocadas de espada, pero la lengua de los sabios es medicina» (Proverbios 12:18).

¿Quisieron decir lo que dijeron?

Cuando los niños o los adolescentes dicen algo cruel o dañino a sus padres, ¿en realidad expresan lo que quieren decir? Esta es la pregunta que molesta. Por lo general, alguien lanza un insulto y ocurre una de estas cosas: La otra persona devuelve el insulto, o el que lo comete se retira enfadado. La intención fue dañar y no sanar. Y como el problema es usual que no se examine en el momento, nos quedamos especulando respecto a cuán serias eran las palabras.

¡De modo que especulamos! El joven quizás supuso que lo dijo en ese momento. Cuando dijeron odio, tal vez era eso lo que querían decir. En ese contexto y momento en particular, expresaron los sentimientos que bullían dentro. Cuando su hijo dice que odia a su hermano, ese es el momento preciso en que siente odio hacia su hermano.

Pero los padres que aman, inmediatamente defienden a sus hijos. Concuerdan en que Johnny y Jeannie estaban bajo mucha presión; no estaban comiendo de manera apropiada, no conocen el significado de la palabra o han estado viendo demasiada televisión.

Racionalice si usted quiere, pero cuando un jovencito dice que odia vivir en esa casa, lo más probable es que quizás sea eso lo que opina, que realmente odia vivir en esa casa. En el momento en que su hija dice que odia a su hermano, no le conteste que no es cierto.

Muy rara vez un niño o un adolescente tiene dificultad con el vocabulario. Saben bien lo que significa odio, celos, ira, frustración y desaliento. Lo más probable es que quisieron decir exactamente eso, cuando lo dijeron.

Cuando no discutimos la situación en el momento o tan pronto como sea posible, perdemos la oportunidad de investigar el por qué se sintieron de esa manera. Fallamos en ir al verdadero fondo del asunto. Porque, ya sea por nuestra incapacidad o falta de oportunidad, permanecemos atontados por la confrontación.

EL ALIVIO PUEDE VENIR

Bajo las mejores circunstancias nuestros hijos pueden algún día libertarnos de esos obsesionantes recuerdos. Si así lo hacen, la liberación es un milagro de primera magnitud. En mi caso, dos de nuestros hijos jóvenes adultos limpiaron la pizarra con una sola y amplia pasada.

Es increíble cómo una breve declaración puede afectar nuestras vidas. Cuando mi hijo Jim tenía unos veinte años, nos enredamos en una discusión. No recuerdo cómo empezó la conversación, pero casi infantilmente le dije a Jim: «Ah sí, pero tú no te preocupaste mucho por tu padre cuando eras adolescente».

«Bah, eso no es nada», explicó Jim. «Se supone que los adolescentes no sienten agrado por sus padres; pero eso no tiene que ver con el presente».

Esa fue la declaración que había esperado oír durante varios años. Siempre sospeché que Jim me tenía un profundo resentimiento, yo luchaba por definir nuestra relación en términos que pudiera disfrutar. Pero siempre recordé sus claras indicaciones de que él pensaba que yo era casi tan útil como un calcetín.

Ya que Jim me liberó de esa carga de separación, me sentí en libertad de olvidar el dolor del pasado. No se trata de poder recordar algunas de las cosas que él dijo, pero esas ya no me dañarían más. No están vigentes para mí.

Con el fin de ser libre, no tengo que decir que él no quiso decir lo que dijo. El elemento importante es que él ya no siente ni piensa así ahora. Soy libre de aceptar a Jim y su evaluación sobre mí, ahora. No tengo por qué arrastrar el ayer conmigo como un peso inservible.

Perdonar y olvidar son como una nuez y su cascara. Están estrechamente relacionados y los dos son necesarios si han de llevar la fruta a su madurez. La rudeza y los insultos de ayer tienen que ser echados fuera, si es que hemos de disfrutar del fruto dulce ahora.

Nuestra hija Mary proporcionó otra declaración de liberación. Sosteníamos una candente discusión por teléfono, cuando yo, con falta de delicadeza, le recordé lo que ella había dicho años atrás: «Tú acostumbrabas a decir que odiabas los tratos de familia como ese».

«¡Bah, es en eso donde está la dificultad, ¿no es así?», contrarrestó Mary. «Eso fue algo que dije cuando era una adolescente. Mira papá, ¿por qué mejor no borras todo lo que dije en la escuela superior y comenzamos otra vez?»

Esa sola declaración fue lo bastante poderosa como para cortar las cadenas. Algunas palabras, oraciones y aun acciones nunca las he olvidado. Las rehago, las memorizo, mucho mejor que los versículos de la Biblia. Pero Mary apretó un botón y lo borró todo en el disco de mi memoria. Aquellas dolorosas palabras se eliminan de la cinta magnetofónica si yo permito que así ocurra. Si quisieran podría registrarlo de nuevo, pero no tendría sentido alguno si ella ya no tiene esa mala intención de antes.

Si puedo olvidar lo que ella dijo en la escuela, ella también puede olvidar algunas de las cosas que le haya dicho. Acalorado, en medio de los tumultuosos cambios, aun siendo buenos padres, solemos decir frases irresponsables. También necesitamos decirles a nuestros hijos que aquellas palabras ociosas no significan nada en el día de hoy.

¿QUÉ SIGNIFICA OLVIDAR?

Si usted fue operado, posiblemente no llegue a olvidarlo. Pero es probable que ya no sufra la ansiedad preoperación o el dolor de postoperación. Tal vez recordemos el dolor, pero ya no sentimos el dolor.

Quizás recuerde que su hijo lo llamara por un mal nombre; pero olvidar el incidente significa que ya no está ofendido por ello. Por otra parte, si puede recordarlo «tal como si fuera ayer», los sentimientos están todavía a flor de piel.

Si fallamos en reducir la agudeza de la memoria, estamos destinados a sufrir el colapso del rencor. La amargura siempre impedirá tener una relación abierta y verdadera con nuestros hijos.

Ayer vi a una mujer en la televisión que dijo que había sido concebida como resultado de una violación. Siendo una joven adulta, encontró a su padre y lo perdonó por el terrible acto de violar a la mujer que era su madre. Explicó que el Señor había sido bueno con ella y que por consiguiente, no podía negarle el perdón a alguien que había cometido una equivocación, no importa cuán horrendo haya sido ese error.

Cómo y cuándo una persona perdona y olvida es una decisión personal. Cada uno de nosotros trabaja con Dios por esa decisión. Como un puro y generoso acto de amor, nuestra capacidad de perdonar abre grandes oportunidades para futuras relaciones. Muchos cristianos han podido perdonar acciones terribles y comentarios abusivos, y después borrarlo todo por completo. Si ellos se quedaran mirando muy de cerca la tabla, podrían rehacer las tenues marcas del pasado, pero la belleza de la vida cristiana está en que podemos negarnos a registrar la tabla en busca de los viejos trazos.

Cuando no sólo perdonamos sino que también olvidamos, no retendremos más las amarguras hacia los que nos hayan ofendido de palabra y acción.

Limpia la pizarra

Cada padre e hijo adulto debieran considerar dejar por completo limpia la pizarra. Nosotros tal vez no podamos recordar cada insulto o bajeza que dijimos mientras vivíamos los años difíciles de la adolescencia. Eso puede ser bueno y malo. Nuestros hijos quizás nos hagan recordar algunas cosas en que fallamos.

Debido a que los años de la adolescencia están enlodados, sería sabio que cada padre hiciera una limpieza completa y una declaración sincera de contrición y absolución. Dígale al joven o a las personas cercanas a usted, que olviden toda cosa dañina y odiosa que dijo durante esos turbulentos años. Entonces, asegúreles que usted también olvidará las cosas ofensivas que ellos pudieran haber dicho.

Usted no está comenzando todo de nuevo. En realidad, no puede hacerlo. Y hay tiempos buenos y cosas buenas que no debiéramos olvidar. Simplemente prometa quitar las flechas y dejar que las heridas sanen.

Si pudiera criar a mis hijos otra vez

La siguiente no es una lista de pesares, sino más bien maneras de cómo reajustaría mis relaciones familiares, si necesitara hacerlo de nuevo. (El listado no es en orden de importancia.)

1. Haría más interesantes las tardes de los domingos y también tomaría menos siestas.

2. Buscaría aficiones y entretenimientos que los pudiera disfrutar con cada uno de mis hijos.

3. Sería un oyente paciente en lugar de uno apresurado.

4. Nunca me pasaría una noche fría en un sombrío aeropuerto por asuntos de trabajo el día del cumpleaños de mi hija.

5. Oraría más con mis hijos.

6. Les permitiría a mis hijos que me enseñaran.

7. Saldría a acampar con mi hijo el doble de veces que lo hice.

8. Saldría más con la madre de mis hijos.

9. Celebraría más sus victorias.

10. Les daría una familia extendida.

11. Llevaría a mi hijo sobre mis hombros más a menudo y le diría que lo amo.

12. Mantendría mi sentido del humor mientras ellos pasan por la pubertad.

13. Nunca los castigaría por sus calificaciones.

14. Dejaría de pelear por sus cuartos desordenados después los trece años y ahorraría mis energías para cosas más importantes.

15. Me desanimaría menos.

16. Haría participar a mi familia en más proyectos en los cuales pudiéramos ayudar a otros.

Pero las oportunidades para todo esto se han ido. Mejor aún, pienso que los amaré hoy y se los diré todas las veces que me sea posible.

6

Gracias por...
mantener las manos
en tus bolsillos

Cuando Gary llegó a los cuarenta años, le dijo a su esposa María que no tenía idea de cuánto sus padres debían haberse sacrificado y preocupado por él mientras crecía. Nunca se le había ocurrido sino hasta que tuvo sus dos hijos adolescentes que comenzó a comprender cuánto dinero cuesta mantener una familia.

Los niños no tienen idea de lo difícil que es ganar el dinero. Lo mismo sucede con los adolescentes o los adultos jóvenes. No pueden entender lo que se necesita para comprar zapatos para cinco personas, hasta que ellos mismos son responsables de una familia de cinco. Incapaces de apreciar ingresos y egresos, su tendencia es pensar que los padres poseen más de lo que dejan saber que tienen.

Aunque no creen en realidad que el dinero crece en los árboles, sin embargo, sospechan de que sí se le puede encontrar escondido en unos cuantos arbustos. Como cualquier padre sabe, los niños carecen de realismo.

Hace poco, me senté con un grupo de estudiantes universitarios que conversaban acerca del dinero que esperaban ganar después de su graduación. Hacían cálculos aritméticos y se preguntaban cómo podrían llegar a gastar tanto dinero como el que pensaban ganar. No se daban cuenta de que las cifras mencionadas nunca llegarían a ser suficientes para mantener a una familia viviendo con el estilo de vida con el que soñaban. Y yo no tuve valor para decírselos.

DINERO Y AFECTO

Es comprensible, los niños tienen un concepto irreal del dinero. No pueden controlar la imagen completa. Consecuentemente, los padres son unos tontos al tratar de impresionar a sus hijos al gastar dinero en ellos. No podemos comprar el suficiente número de automóviles, artefactos electrónicos o ropa, para lograr deslumbrar a nuestros hijos. Ellos creen en la vida fácil y están dispuestos a gastar todo el dinero que sus padres tienen la posibilidad de ganar.

Aquí está el porqué no da resultados intentar comprar su afecto. Los niños no ven las cosas materiales como una señal de afecto. Lo ven como algo que el padre les debe. También ven el dinero como algo que al padre le es fácil conseguir.

El padre que cree que puede ganar mayor acercamiento con el hijo por el hecho de proporcionarle más cosas, lo que está haciendo es apresurar la carrera del desaliento hacia un final trágico. Podemos demostrar afecto al darles nuestro tiempo, atención y disponibilidad, pero darles dinero en efectivo nunca hará que nuestros hijos, en última instancia, crean que les amamos. Algunos padres están conscientes de esto y, de todas maneras, los cubren de dinero. Asumen que como no pueden estar siempre con sus hijos, entonces lo mejor es darles dinero en efectivo.

Nos sentimos bien cuando le proporcionamos lo mejor a nuestros hijos. A decir verdad, la Biblia nos enseña que debemos ser buenos proveedores (1 Timoteo 5:8). Pero también debiéramos tener siempre presente que el dinero no lo compra todo.

- El dinero no puede comprar amor.
- El dinero no comprará gratitud.
- El dinero no proveerá ciertas experiencias.
- El dinero no sustituirá el tiempo y la atención.

No obstante, muchos padres intentarán usarlo para lograr realizar esas cosas. Pues usted, ¡vaya y trate! Pero lo más seguro es que no le dé resultados.

LOS HIJOS PIENSAN QUE SE LO DEBEMOS

Por alguna extraña e inexplicable razón, los niños por lo general adoptan una actitud de que los padres les deben todo lo que les sea posible. Creen que lo que ven en la televisión: los juguetes, los cereales especiales, las casas, los botes, los carros, todo lo que tan gráficamente les presentan a sus jóvenes ojos, serán suyos en cuanto lo pidan.

Hasta cierto punto, están en lo cierto. Como padres, les debemos las cosas básicas de la vida, y con su fe natural, creen que el padre les puede dar esas cosas. Los alimentos, las ropas y la casa son necesidades básicas. De ser posible, les debemos buena comida, ropa decente y vivienda apropiada. Si un niño necesita zapatos tenis, no debiera ser el único niño o la única niña en la escuela que no los tiene, si es que su padre se los puede proveer.

La súplica de Proverbios se aplica a los niños por igual: «Vanidad y palabra mentirosa aparta de mí; no me des pobreza ni riquezas; manténme del pan necesario» (Proverbios 30:8).

Tal vez los padres sean pobres y los niños sufran por tener muy poco. Eso es una desgracia, pero el otro lado de la moneda es que si tenemos lo suficiente, necesitamos controlar cuánto sería demasiado para nuestros hijos.

Nuestra necesidad de aceptación y aprobación por parte de nuestros hijos nos fuerza a tomar decisiones irracionales. Hay un feliz término medio, el cual quizás se reduce a más de la mitad de lo que pudiéramos pensar.

Un experimentado consejero de escuela, que con su propio esfuerzo levantó a su familia, dijo: «Si tuviera que empezar otra vez, en lugar de darle más a mis hijos, les daría menos». Pero cuando usted tiene la responsabilidad de criar al niño, esas decisiones son difíciles de tomar.

Una de nuestras más grandes lecciones la tuvimos cuando nuestro hijo Jim fue nombrado rey en una fiesta escolar. Este es un gran acontecimiento en cualquier escuela y Jim nos dijo que iba a necesitar un traje para la ceremonia de coronación. Como padres conscientes que éramos, lo llevamos de compras a las tiendas y escogió un traje color azul oscuro que incluía un chaleco. El precio fue de $200 (el mismo costo que el pago de un rescate por un rey, en ese tiempo), pero el traje le quedaba muy lindo.

Por fin llegó la gran noche y Jim salió de casa en su nuevo traje. Nos sentíamos complacidos al ver lo feliz que estaba, y empezamos a prepararnos para la ceremonia. A los pocos minutos, Jim entró corriendo en la casa y desapareció en su cuarto. Pronto se cambió otra vez, llevando ahora pantalones y una chaqueta. «¡Los muchachos decidieron no llevar trajes!», gritó al salir veloz por la puerta, dejándonos asombrados y desconcertados.

El dinero cantando viene y cantando se va. Después de todo, esto es sólo dinero.

LA PRESIÓN PODRÍA MATARLE

Si usted trata de comprar todo lo que sus hijos desean, más de la mitad de las cosas que sueñan, seguramente caerá deshecho bajo la presión. Es interesante, pero los padres tienden a comprar cosas para sus hijos y ellos mismos descuidan sus propias necesidades. Más tarde, cuando los niños llegan a los cuarenta años, se preguntan cómo y por qué sus padres lo hicieron. En muchos de los casos, deseaban que sus padres no hubieran gastado tanto en complacerlos y que se hubieran preocupado en darles un mejor cuidado; por ejemplo, viajando, apartando algún dinero para el tiempo de su jubilación o retiro, o vistiendo mejores ropas.

Los padres pasan mucho tiempo lejos del hogar para ganar dinero a fin de poder comprar más cosas para los hijos, como si con eso pudieran probar cuánto los aman. La verdad es que a ellos les gustaría pasar más tiempo con sus padres, aun si eso significaba menos cosas. Pero los padres parecen determinados a darles cada vez más cosas y menos de ellos mismos.

Los antiguos adagios son verdad. Compre un juguete caro y observe al niño jugar con la caja. Lleve a sus hijos a California y obsérvelos jugar en la arena tal como ellos lo hacen en su propio patio.

Hace algunos años llevamos a toda la familia a la costa Este a pasar un mes de vacaciones. Visitamos el Capitolio de Washington, nos quedamos en una cabaña en la Bahía Chesapeake, nadamos en el océano, remamos en bote y capturamos camarones. La «súper familia» realizó tantas actividades como le fue posible.

Cuando volvimos a la casa, les pedí a los niños que se tomaran unos pocos minutos y escribieran lo que más les había gustado del viaje. Su respuesta número uno fue el congestionamiento del tránsito. A ellos les divirtió el viajar lento por horas, y ver las gotas de sudor en la espalda y en la nuca de su papá. Se sintieron como hipnotizados con la experiencia de que los automóviles corrieran tan juntos unos a los otros, que los motores se recalentaran y los ánimos de algunos choferes se exaltaran e impacientaran.

Para el próximo verano, en vez de ir a Six Flags o Disney World, ¿por qué no llevar a su familia por los alrededores de Chicago por un par de horas durante lo más pesado del tránsito? ¿Quién sabe? Quizás ellos piensen que usted es su héroe.

Lo que estoy diciendo es esto: Modere la velocidad. No se mate. Tenga como objetivo la atención personal más que desvivirse en dar las cosas equivocadas.

Una estudiante universitaria le escribió a sus padres y les pidió que no la ayudaran demasiado. Se daba cuenta de que su situación financiera era dura algunas veces, pero pensaba que era mucho mejor aprender a ser responsable de su propia situación. Si sus padres seguían sacándola de apuros, le llevaría más tiempo aprender a mantenerse sin ayuda.

No son muchos los padres que reciben notas como ésas, pero si hemos de ser sinceros sabemos que el principio es cierto. Si nos echamos encima todos sus problemas financieros, lo más seguro es que causemos dos daños. Primero, les negamos la oportunidad de tener responsabilidad. Y segundo, aceptamos más problemas de los que podemos o debemos soportar.

Todos debemos aprender las lecciones para defendernos contra la escasez y la pobreza. Si nuestros hijos aprenden a trabajar duro y a sufragarse sus propios gastos, podrán afrontar los reveses económicos y aun así sobrevivir por la gracia de Dios. Si amontonamos dinero sobre ellos, sólo estaremos evadiendo las lecciones que el libro de los Proverbios nos quieren enseñar:

> «Un poco de sueño, un poco de dormitar, y cruzar por un poco las manos para reposo; así vendrá tu necesidad como caminante, y tu pobreza como hombre armado» (Proverbios 6:10-11).

COMPRAMOS LA CASA GRANDE

Hace cerca de diez años, teníamos unos pocos dólares extra y decidimos comprar una casa mejor. Era de ladrillos, de dos pisos, en un terreno grande. Vivíamos en Nebraska, pero como crecí en Washington, D.C., el diseño occidental de la casa especialmente era mi elección.

Me sentí como el súper papá, trasladando a mi familia de una casa modesta a otra espaciosa dentro de la ciudad. Los niños, en verdad, estaban muy emocionados. Parecía la mudanza típica de una familia norteamericana y bien sabía que mi familia me llegaría a adorar por eso.

Después de poner las cosas en su lugar, cada uno obtuvo su propio dormitorio; tenemos una buena sala de estar, muchos cuartos de baño y suficientes roperos. En la casa anterior, June dormía en un pequeño cuarto de costura y todos usábamos el mismo baño, en el cual no había ducha.

Sin embargo, desde el primer día resultó obvio que el sueño de la nueva casa era mío, no así de ellos. Y no es que mis hijos no fueran agradecidos, sino que les encantaba su vieja casa, con todas sus fallas e inconveniencias.

Durante la última década, mi vida ha estado controlada por una sustancial hipoteca sobre la casa, y todas las cuentas de servicio que la acompañan. Hace poco, les pregunté a mis muchachos si se sentirían desilusionados si vendíamos la casa. Eso no era ningún problema para ellos; no le tenían cariño, en lo absoluto.

Al entrar en su segunda década de vida, nuestros hijos se han vuelto más expresivos que antes y nos han dado las gracias por muchas cosas. Pero ninguno nos agradeció por la casa. No hay nada de malo en eso, simplemente que nunca se sintieron a gusto con los edificios.

Hay algo que me lo confirma. Ello me hace atreverme a creer que siempre nos vamos a cuidar recíprocamente como individuos. El tipo de casa que posean o el carro que manejen nunca significará alguna cosa en particular para mí. Y parece que las cosas materiales no significan mucho para ellos. Sé que no tengo que comprar un submarino o un dirigible para llamar su atención. Podremos disfrutarnos mutuamente por muchos años a nivel personal.

POBRES, PERO SABIOS

¿Tiene una lista de valores acerca de lo que le gustaría que sus niños llegaran a ser? Si la tiene, quizás consista de algunas cosas como las siguientes:

- Afable
- Preocupado
- Sabio
- Satisfecho
- Educado
- Cristiano sincero
- Cuidadoso de la salud
- Amoroso
- Creativo
- Seguro de sí mismo
- Amistoso

Agregue a la lista tantas cualidades como guste. Luego, ordénelas por prioridades. ¿Cuáles son las más importantes para usted? Empiece por inculcar en sus niños las cualidades más significativas, valores que les durarán toda una vida. Llegará el día en que ellos se lo agradecerán. «Mejor es un muchacho pobre y sabio, que el rey viejo y necio que no admite consejos» (Eclesiastés 4:13).

El tener escasez es algo que todo joven debiera experimentar. Alguien ha dicho: «El individuo rico nunca tiene la emoción de hacer ese último pago».

Si bien es cierto que nadie exactamente les agradece a sus padres los tiempos difíciles de extrema pobreza, muchos adultos jóvenes admitirán que fueron una gran escuela. Aprendieron a apreciar el sacrificio, la paciencia, la gratificación atrasada y el trabajo duro.

Algunos niños se rebelan contra sus lecciones y más tarde llegan a ser derrochadores insensatos, que viven siempre al borde del desastre financiero. No podemos controlar esas decisiones. Pero al menos podemos enseñar a nuestros hijos a no derrochar.

Nadie sabe si puede vivir con un ingreso reducido hasta que no lo intenta. Los hijos deben aprender que es posible sobrevivir aun en circunstancias difíciles. El apóstol Pablo aparentemente vivió con y sin suficientes ingresos:

«Sé vivir humildemente, y sé tener abundancia; en todo y por todo estoy enseñado, así para estar saciado como para tener hambre, así para tener abundancia como para padecer necesidad. Todo lo puedo en Cristo que me fortalece» (Filipenses 4:12-13).

Qué desgracia si nuestros hijos aprenden sólo las lecciones de la abundancia.

«ES TU VIDA»

Cuando nuestros niños son pequeños nos imaginamos que podremos hacer de ellos un producto perfecto. Criaremos a los nuestros así y asá, y llegarán a ser exactamente como lo planeamos. Incontables libros y conferencias, así como numerosos seminarios y programas radiales, nos dicen cómo producir el tipo deseado de hijo.

Si queremos un hijo puro, por ejemplo, hay ciertas reglas morales y de conducta para su educación. Si queremos que sea creyente, agregamos otras cualidades. Si deseamos que sea atleta, necesitaremos comprar un balón especial. Si la inteligencia es la cualidad más importante, le compramos libros. En la actualidad, el mercado de las publicaciones está lleno de guías para los padres de familia. Y por el simple hecho de suministrar los ingredientes correctos, nos imaginamos que podemos producir cualquier clase de hijo que queramos.

Lo que no se enseña lo suficiente es cómo dejar ir a nuestros hijos de modo que puedan ser: (1) lo que Dios quiere que sean, y (2) lo que desean llegar a ser. La necesidad de controlar los destinos de nuestros hijos es dañina y divisiva. Pocos hijos adultos alguna vez nos agradecerán que les controlemos su vida.

Muchos padres tienen problemas en dar esa clase de libertad. No pueden aceptar que tengan que darles a su hijo adolescente las llaves de la vida. Existe el temor de que tal vez su hijo abra las puertas incorrectas y que se vaya por direcciones insólitas.

Ese temor es real y los errores son posibles, pero al fin y al cabo las riendas de la vida tienen que ser entregadas. Los jóvenes no pueden pasarse la vida en espera de sus padres.

NO PODEMOS VIVIR DE NUEVO NUESTRA VIDA

Es difícil creer algunas de las cosas torpes que les he dicho a nuestros hijos. Nuestra hija Mary tiene excelentes destrezas en inglés, así que, naturalmente, le detallé punto por punto qué sería su vida algún día.

«Ahora, lo que tú quieres hacer, Mary, es ir tras tus valores. Llegar a un doctorado en inglés. Entonces, podrás establecerte en un pequeño colegio y enseñar. Paralelamente, podrás tener tiempo para escribir».

Al instante, sin emoción, replicó: «Eso es lo que tú quisieras haber hecho, ¿no es cierto?»

Me quedé petrificado. Yo le había estado diciendo que esa era su vida, y al mismo tiempo le estaba diciendo cómo hacerlo… seguro de que sabía lo que a ella le gustaría. Quise levantar en brazos a mi hija y llevarla al mundo perfecto que yo había imaginado.

Eso es lo que hacen los padres sobreprotectores. Ello puede hacerse encubierta o abiertamente, pero la idea es conducirlos al mundo fantástico que visionamos. Si este es el fútbol, o animadora, o el ministerio, o una carrera de negocios, queremos extender nuestra vida en las de ellos, aun cuando digamos lo contrario.

De vez en cuando nos encontramos atrapados. Podemos ampararnos en términos como estos: «Todo lo que en realidad queremos para ti es lo que el Señor quiere para ti». Y entonces empezamos a ajustar sus vidas para que se acoplen a nuestras expectativas.

CRÍE A SUS HIJOS PARA DEJARLOS IR

Hay algunas cosas a las cuales no podemos aferrarnos. No podemos capturar el arco iris. No lo podemos atrapar y encerrar en una tinaja. Tampoco podemos reducirlo al tamaño de una billetera y llevarlo a pasear con nosotros. El arco iris atraviesa el cielo con su propia belleza y libertad. Los disfrutamos mientras están allí, pero no podemos guardarlo con nosotros por siempre.

Cualquiera que críe hijos pensando en retenerlos, no entiende el arco iris, ni los pájaros, ni las canciones... ni a la gente misma. El niño encarcelado es miserable, atormentado, frustrado. Si tratamos de controlar a nuestros hijos, simplemente manifestamos nuestras inseguridades y temores.

Dios no mete a la gente en jaulas, tampoco intenta ajustarlos a moldes establecidos. Asimismo, Él no espera que los padres encierren a sus hijos y los mantengan cautivos en sus propios sueños.

En la conocida obra dramática llamada *Marty*, la madre depende emocionalmente de su hijo mayor. Cuando él conoce a una joven especial y empieza a interesarse mucho en ella, es natural que pase mucho menos tiempo con su madre. Cuando la asustada e insegura madre se da cuenta de lo que está pasando, empieza a protestar. La felicidad de su hijo corre en dirección opuesta a la de ella. En su desesperación, lucha incansablemente por separar a los dos jóvenes y guardar a su hijo para ella sola.

No muchos de nosotros somos tan atrevidos, pero tampoco estamos totalmente ajenos a la idea. Soltar a nuestros hijos a los brazos de otros es con frecuencia una píldora difícil de tragar.

El principio de «dejar» y «unirse» es una de las primeras referencias de Dios para las relaciones. Él nos dice que el hombre dejará a su padre y a su madre, y se unirá a su mujer (Génesis 2:24).

En algunos casos, después de que los jóvenes han estado afuera bajo su propia dirección, puede ser que regresen al hogar por un tiempo, pero el principio permanece. No les dé la libertad de irse y luego los obligue a seguir dependiendo de usted. Los hijos tienen la necesidad y el derecho a escapar del nido de los padres y a volar por sí mismos.

EL SOSTÉN PERMANECE

En un reciente seminario, uno de los jóvenes participantes explicó lo que él valoraba de sus padres: «Siempre me han ayudado. Si quiero llegar a ser un abogado, un agente de seguros o cualquier otra cosa, ellos me apoyan. Nunca he sentido que trataran de manipularme en ningún sentido».

La sonrisa en su cara y el orgullo en su voz eran conmovedores. Tuve la sensación de que él no tendría temor de ir a su hogar y decirles a sus padres que había decidido tener un puesto de venta de salchichas en la playa.

No todos los padres creen que deben apoyar lo que su hijo quizás decida hacer con su vida. Muchos están enfrascados en poner metas a sus jóvenes, y muchos a causa de esto cosechan tempestades.

«Es tu vida», tiene que decirse a menudo con sinceridad. Nuestros hijos afirman que Pat y yo se lo dijimos un millón de veces. Admitimos que fueron solo medio millón. Como sea, logramos que el mensaje les llegara.

Esas son palabras difíciles de decir… e interpretar. Varias veces nuestros hijos probaron carreras y trabajos que pensábamos eran espantosos para escoger. Era difícil no expresarse al respecto. Si se nos preguntaba, decíamos lo que sentíamos o al menos lo insinuábamos. En raras ocasiones dijimos algunas indirectas como: «Bien, Lynn lo intentó, quizás tú quieras hablar con ella».

Cuando Mary se matriculó en la escuela de leyes, nos preguntábamos si había pensado bien las consecuencias, pero en realidad nos sentimos felices por su decisión. Cuando Jim aceptó un trabajo para arrancar asbesto, casi nos da un infarto, pero nos pudimos controlar al bromear con él acerca de los peligros. Cuando June decidió enseñar música, le dijimos que iba a ser brillante en eso.

Nuestros hijos saben más que nosotros acerca de quiénes son ellos y dónde encajan. También tienen el derecho y el privilegio de hacer sus elecciones... y equivocaciones. Y el beneficio real es que tienen la oportunidad de ir tras sus propios goces.

Cuando un niño llega a joven adulto, la responsabilidad cambia de los padres al individuo y a su propia relación con Dios. Si les gusta trabajar en un lugar donde se lavan carros, ¿quiénes somos nosotros para decirles que debieron haber sido astronautas? Es un acto de fe soltar a nuestros muchachos y emocionalmente apoyarlos en sus decisiones en la vida.

Nuestro apoyo es tal vez más importante a nivel emocional. El padre que niega su apoyo emocional o que lucha contra las decisiones del hijo es como si le pusiera una piedra de molino alrededor de su cuello. Los jóvenes no necesitan precisamente el dinero de sus padres; no necesitan que sus padres halen las cuerdas; y puede ser que no deseen que se les den consejos. Pero sí les hace falta un abrazo afectuoso, una alentadora sonrisa y cualquier otra señal de aprobación genuina.

La Biblia nos dice:

«Así que cada uno de nosotros tendrá que dar cuentas de sí a Dios» (Romanos 14:12).

Debiéramos estar contentos con eso. El joven, lo suficientemente adulto como para conducirse por sí mismo, no tiene que rendir cuenta de su vida a sus padres. Dios lo ama y le guiará al tomar sus propias decisiones.

SEGUIR NUESTRAS PISADAS

A menudo, los padres desean que sus hijos sigan sus pisadas, simplemente porque el padre tiene necesidades personales. Al envejecer, queremos que nuestros hijos valoren nuestra existencia. En esencia estamos pidiéndoles que pongan su sello de aprobación sobre quiénes somos y qué hemos hecho con nuestra vida. Es debido a nuestras inseguridades que algunas veces miramos a nuestros adolescentes esperando que confirmen que nuestra vida tiene sentido.

Lo siguiente son algunas de las cosas que les pedimos equivocadamente a nuestros hijos que hagan para justificarnos como sus padres:

- *Sé inteligente.* La mayoría nos damos cuenta de que pudimos haber sido mejor en la escuela, y esperamos que nuestros hijos sean excelentes, en parte para probar ese punto. Decimos que los empujamos para su propio beneficio, pero algunas veces esa declaración es una máscara para cubrir la necesidad de ratificarnos a nosotros mismos. Adoctrinar a un niño para que realice nuestros sueños es extremadamente peligroso.
- *Sé deportista.* Es divertido ver al muchacho pegar un hit en las Ligas Menores, o verle ir a jugar al fútbol, pero esto llega a distorsionarse si vemos ese hit como el que no logramos pegar en nuestra juventud o consolarnos con el gol que metió y que nosotros no pudimos meter.
- *Sé reconocido.* En vez de permitirles a nuestros hijos encontrar su propio lugar social, tratamos de crear uno

para ellos. Queremos que sean populares, apreciados, porque nos habría gustado ser así. Podemos ansiosamente apresurarlos a que tengan citas amorosas, porque recordamos cuán doloroso nos fue esperar y preguntarnos si alguna vez tendríamos una.

• *Sé un creyente.* En nuestra lucha frenética queremos que igualen o excedan nuestra experiencia cristiana antes que encuentren la suya a su propio ritmo. Temerosos de lo que otros en la iglesia pudieran pensar, estamos tentados a apresurarlos a entrar en actividades honorables, de modo que nuestra familia parezca espiritual. Algunas veces nos preocupa que su andar con Cristo sea raro o inusual, un poco diferente al nuestro.

Cada padre puede reunir su lista de los «Sé». Todos tenemos variadas expectativas y nuestros hijos reaccionan a cada una de modo diferente. Un joven en una familia obedece, mientras que otro en la misma casa se rebela. Podremos tener dificultad en decidir qué es lo más beneficioso para nuestro adolescente y qué es una necesidad meramente personal o un deseo propio. Los padres sabios tratarán de evitar expectativas egoístas.

Conozco a un hombre que es jefe de un próspero negocio. Empezó desde abajo, como se dice, y logró que se hicieran realidad casi todos sus sueños para alcanzar el éxito. El hecho culminante sería cuando su hijo algún día entrara y tomara las riendas del negocio. Para disgusto del hombre, su hijo quiere vagabundear por las playas de California.

Pero este padre fijó la escena en su propia mente... era su gran sueño. A pesar de su otra manera de vida exitosa, provocó un fracaso internamente garantizado. No contaba con que su hijo tuviera una mente propia.

Esta historia la podemos encontrar dondequiera, en los llanos de Nebraska, las calles de los Ángeles o en lo más recóndito del mundo. Urdimos la red para atrapar a nuestros hijos y nos decepcionamos terriblemente si se escapan.

Todos tenemos asuntos inconclusos… montañas que no hemos escalado, compromisos que no hemos cumplido, a pesar de que no los hemos perdido, ciudades que no hemos visitado, gente hambrienta que no hemos alimentado. Tenga cuidado de que su asunto inconcluso no esté amontonado sobre sus hijos, con la irrazonable expectativa de que lo concluyan.

Nuestro concepto de libertad personal se ve grandemente afectado por nuestra teología. Si creemos que Dios controla cada uno de nuestros pensamientos y movimientos, será fácil pensar que debiéramos ejercer control sobre nuestros hijos. Por otra parte, si creemos que Dios nos da un amplio y flexible margen para tomar decisiones, podemos ofrecer la misma libertad a nuestros adolescentes. Ellos van a cometer errores, como lo hemos hecho nosotros, pero Dios en su misericordia nos ha dado a todos esa opción.

7

Gracias por... asistir a mis juegos, pero no a todos

Los deportes organizados son, en realidad, algo más que un juego. Ganar es lo más importante para muchos entrenadores y gerentes, y cuando también lo es para los padres, muchos jóvenes se sienten aplastados bajo la presión. La mayoría de nosotros sentimos vergüenza por no habernos destacado en los deportes. Muchos jóvenes sufren el dolor de no lograr participar en un campeonato o de haber sido seleccionados tarde para un equipo.

Agradecido está el muchacho cuyos padres se negaron a tomar demasiado en serio los deportes. Quizás agradezca eternamente que sus padres vieran al atletismo como un juego y no para medir su importancia personal.

Agradecidos están también aquellos cuyos padres no compitieron con ellos, sino que simplemente jugaron un partido con ellos. No intentaron probar su hombría al derrotar a su hijo en un deporte.

Agradecido está el hijo que no lo empujaron a los deportes cuando no quería participar. Su padre no intentó ser el entrenador fantasma impulsándolo hacia la victoria.

Agradecidos están los jóvenes cuyos padres no trataron de vivir sus sueños de deportista a través de ellos, tratando de convertirlos en las estrellas del deporte que nunca fueron.

La gente joven usualmente aprecia la atención; eso ayuda a edificar una buena autoestima. Lo importante es dar la dosis correcta en el tiempo oportuno. Demasiada atención en el tiempo equivocado tiende a hacer al muchacho egocentrista. Puede comenzar a creer que el mundo debiera detenerse para verlo actuar.

Se necesita ser un padre hábil para conocer cuándo dar mucha atención y cuándo contenerla. Los padres deben aprender cuándo hacer de un grano de arena «una montaña» y cuándo dejarlo pasar.

El círculo familiar

Los siguientes diagramas muestran tres tipos de círculos de la familia. Cada uno tiene sus puntos fuertes y también sus puntos débiles.

El problema con el círculo familiar centrado en los padres es que sus deseos y ambiciones son lo más importante. A los niños y a los demás miembros de la familia se les hace sentir insignificantes; se ignoran sus opiniones, sentimientos y deseos.

El círculo hijo-céntrico hace que el niño sea el centro de todas las cosas. Cada tarea se detiene y cada plan confeccionado se vuelve a escribir para abrir paso a cualquier actividad en la que el niño esté involucrado. Los padres no quieren reconocer que a sus hijos les beneficie alguna actividad que no gire en torno a ellos.

El círculo centrado en la familia dice que todos son importantes. Enseña valor y respeto equitativo para los miembros de la familia extendida. Cada uno es especial, pero nadie es más especial que cualquier otro. Esa es la única manera aceptable para «especial» en el contexto de la familia. Especial significa tanto igual como único.

Padre céntrico

Hijo céntrico

Familia céntrico

Los deportes el sábado por la mañana

Tratar de mantener el círculo centrado en la familia no siempre es fácil. Es difícil darle a una persona joven mucha atención sin hacerlo en demasía.

Cuando June estaba en la escuela secundaria, formó parte de un equipo de baloncesto. Cada sábado en la mañana el equipo azul jugaba contra el amarillo o viceversa. Yo no asistí a todos los juegos, de la misma manera que no fui a todos los de la Liga Menor en el verano.

Un viernes por la noche, June me presionó con insistencia para que la mañana siguiente me levantara y fuera a su partido de baloncesto. Le expliqué cómo pensaba acerca de que los padres de vez en cuando no debían asistir, sólo para que los muchachos jugaran sin su presión en las gradas. ¡Pero yo te necesito allí!, me dijo. Al fin y al cabo, «todos los padres» van el sábado por la mañana.

Finalmente cedí. Temprano al día siguiente arrastré mi cuerpo cansado al viejo gimnasio del *Aurora High School* y subí por los escalones de las gradas. Me senté en la del centro de la cancha, miré alrededor para ver a los demás padres, pero me quedé sorprendido. No había ninguno. Yo era el único que había asistido aquel día.

Sonó el silbato y June vino corriendo hacia la cancha. Nunca olvidaré la expresión en su cara y su amplia sonrisa al mirar hacia arriba y distinguirme en las gradas. Radiante, driblando en la cancha con una mano, mientras dirigía la mirada al padre solitario que palmoteaba y gritaba: «¡Vamos June!».

Me alegro de haber ido a ese partido. En ese día en particular era importante para June que yo estuviera allí. Y los muchachos tienen que saber que son importantes. Aunque no les permita llegar al punto de creer que el mundo debe parar estruendosamente, porque hay un juego que sigue. Hay otras actividades en las familias que son de igual importancia y que deben ser consideradas. Yo felicito al padre que encuentra el balance.

LAS LIGAS MAYORES

Al igual que la mayoría de los padres, puedo recordar a nuestros hijos dando todo de sí en los deportes: Jim, jardinero en béisbol de primera clase y excelente corredor de fondo. Mary corriendo por la pista en una competencia de la AWANA [organización cristiana infantil] y June jugando baloncesto en la secundaria.

Lo que vi en un partido de baloncesto de niñas fue para volverse loco. Mientras se desarrollaba, algunos de los padres empezaron a quejarse a voz en cuello de los oficiales del juego. Padres de cuarenta y cincuenta años se volvieron cada vez más odiosos y finalmente vulgares.

Después de un intercambio acalorado de palabras, un muchacho que estaba sentado en las gradas, le dijo a un padre que se sentara y se callara. A su vez el padre invitó al muchacho a resolver las cosas afuera.

Esas son las ligas mayores, adultos muy crecidos que se comportan en los juegos de los niños del modo más absurdo. El juego terminó. Ellos volvieron a la guerra. Hicieron de un evento deportivo de la secundaria, la actividad más importante de la semana.

Hay otras maneras de permitir a nuestros niños saber cuánto les amamos y les apreciamos sin tener que ponerlos sobre un pedestal. Si los convertimos en héroes porque metieron un gol en un partido de fútbol, en esencia estamos diciendo que ese juego es uno de los más importantes logros de su vida. Los deportes deben mantenerse en su debido lugar junto a otros triunfos. Los adolescentes, a la larga, estarán agradecidos a los padres que disfrutaron de sus juegos, sin presionarlos para que se destacaran.

Un padre llevaba en su automóvil a su hijo a practicar baloncesto cada sábado por la mañana. Siendo él mismo un ex jugador, trabajó duro para transformar a su hijo en un excelente atleta.

Después de perder un juego, el padre le habló severamente a su hijo durante el trayecto a la casa. «Si tú no puedes hacer algo mejor que eso, haríamos bien en quedarnos en casa los sábados», le dijo.

Para este padre, el juego no era una diversión ni un ejercicio. El punto central de toda la actividad era ganar... y allí terminaba el asunto.

Algunos jóvenes recuerdan los deportes en la escuela secundaria y les dan gracias a sus padres por el estímulo y la disciplina, pero muchos desprecian la presión que sintieron de sus padres.

UNA CAUSA PERDIDA

Los intentos por reducir la presión por los deportes sobre los adolescentes parecen insignificantes. Vienen de los adultos, los padres y los entrenadores, y no dan señales de disminuir. Cuando ganar lo es todo, la simple participación es de poca importancia, y esa es una triste realidad de nuestros tiempos.

Un padre me dijo una historia que es representativa de muchos padres frustrados y jóvenes destrozados:

«Seguí a mis muchachos de ciudad en ciudad. No eran unos grandes jugadores de baloncesto, pero querían salir y querían jugar. Viajábamos más de noventa millas para algunos juegos, porque era importante para ellos que estuviéramos allí. Pero juego tras juego, aun cuando había buenas probabilidades, el entrenador rehusó meter a mis muchachos en el partido. Uno pensaría que el entrenador trataría de alentar a los muchachos poniéndolos a participar. Pero él tenía otros planes. Un buen equipo de deporte».

Alguien necesita retroceder y valorar el daño. Muchos jóvenes se destruyen cuando el entrenador los deja en el banco, aun cuando el juego está prácticamente ganado.

Para muchos padres eso es andar sobre la cuerda floja, el intento de mostrar interés, sin ahogar al joven con demasiada atención. No debiera ser el centro de atención, pero también se le debiera hacer sentir importante, como a cualquier otro.

En Efesios 6:4 se les advierte a los padres que no provoquen a ira a sus hijos. No se les debe frustrar por presionarlos de manera irrazonable. Los padres deben aprender a estar prestos a vitorearlos, sin llegar a ser la grave presencia que hace de cada juego de pelota un asunto de vida o muerte. Pongamos los deportes en su lugar adecuado, junto al deletreo de palabras difíciles, exámenes de matemáticas, discurso y competencias de debates, teatro, ferias de ciencia y habilidades de memorización.

Temerosos de que sus jóvenes pudieran fallar, los padres pueden levantar los niveles de estrés sobre sus hijos para igualarlos a los de un adulto. Gran cantidad de jovencitos tropiezan con mucha más presión que sus padres. Eso pudiera explicar el alto abuso de drogas y alcohol, y el gran porcentaje sin precedentes de suicidios entre los grupos de edad juvenil.

La Biblia nos dice que no debemos estar afanosos por nada (Filipenses 4:6). Y, no obstante, descargamos ansiedad en nuestros jóvenes. Recientemente, un estudiante universitario en Iowa mató a balazos a varios de los profesores, porque pasaron por alto el darle honores. ¿Qué ha pasado con nuestro sistema de valores? La ansiedad nos atacará a la mayoría si no bajamos el nivel de presión.

RITMO ADECUADO

El momento oportuno es muy importante. Los jóvenes a menudo necesitan un empujoncito, pero no muy duro ni muy pronto. En la medida en que la madurez y las circunstancias lo permiten, ellos responden bien a los desafíos. Es el don del ritmo adecuado. Necesitamos permitir a nuestros adolescentes saborear una variedad de intereses. Anímelos a investigar, a mostrar el lado competitivo y con todo, a tener tiempo libre también.

Un padre notó la tensión extraordinaria que su hija enfrentaba con sus estudios superiores, y le sugirió que dejara la escuela por un año. Le permitió descansar y atajar el estrés. Era joven y tenía mucho tiempo. Él le sugirió que invirtiera el año en disfrutar de la vida y en descubrir lo que era importante para ella. En este caso, el padre quitó la presión de sobresalir en la escuela, y permitió a su hija que diera la verdadera importancia en llegar a convertirse en un ser humano completo y balanceado.

A la luz de los múltiples cambios de carrera profesional que muchos hacen, ¿por qué tanta prisa? Un joven puede enseñar en la escuela por cinco años, vender seguros por seis y dedicarse a operaciones de ahorros y préstamos por cuatro. Si deben viajar, deje que ellos mismos manejen. Los padres deben permanecer en un plano secundario para obligarlos a superarse en la vida.

Descansemos y disfrutemos la vida con nuestros adolescentes mientras los tengamos en el hogar. Las presiones vendrán bastante rápido. No tenemos que ser el número uno del país en matemáticas. Si nos colocamos en el tercer lugar en las competencias olímpicas, la tierra seguirá rotando. Y de ganar el campeonato podemos estremecernos y bufar, pero vamos a sobrevivir.

Nuestros jóvenes estarán agradecidos por toda la atención que les demos, pero aún más por una visión balanceada de la vida.

Tiempos de risas

¿Cuándo fue la última vez que su familia se sentó a reír descontroladamente? No unas pocas risitas medio apagadas, sino esas que dan dolor de estómago, que sacan las lágrimas, que hacen incluso temblar todo el cuerpo. Tal vez fuera sentados a la mesa del comedor en la tarde de un Día de Acción de Gracias, o juntos alrededor de una mesa de juego cuando algo ocurrió que les pareció tremendamente divertido.

La risa tiene un efecto saludable. Corta la tensión, hace el momento brillante, desarrolla un acercamiento en las familias. El humor completa la vida, la llena como una almohada nueva.

Lo mejor del humor en familia es que nunca se propone dañar a nadie. Quizás involucre a un miembro en particular, pero no lo hiere. Cuando un niño deja caer el puré de papa en su regazo, probablemente se rían de él. Si está a gusto con su familia, él también se reirá con ellos. Si está tenso y se siente aislado, la risa de la familia puede ser dolorosa. De la misma forma, la burla también puede doler. Sin embargo, un par de payasadas ocasionales, acompañadas de un estallido bien intencionado de risa, es exactamente lo que cada familia necesita.

Jugar en familia puede ser una gran experiencia, si no se toma muy en serio. Cuando los equipos están organizados y la competitividad no es muy severa, cuando el ego de nadie está en la línea, cuando no son a la manera de papá y los varones no tienen que derrotar a las muchachas, los juegos pueden dar diversión, descanso y memorables experiencias familiares.

Sin embargo, algunos jóvenes recuerdan el tiempo de los juegos en familia como algo terrible. Quizás fue una ocasión cuando un hermano mayor o un tío grosero derrotó a los miembros de la familia en un juego o en un deporte. La mitad de la familia fue arrastrada hacia la actividad, odiando cada momento de ella.

Otras familias recuerdan los encuentros de fútbol americano en el parque durante las tardes de otoño. Todos tenían que jugar; todos tenían la oportunidad de ser el jugador principal; todos cortaban los pases; y todos lanzaban el balón. Después del juego, la familia pudiera haberse detenido donde venden chocolate caliente y contado historias exageradas de cuan grandes héroes habían sido.

Hechos como estos refrescan la memoria y dan calor al corazón mucho después que todos han crecido y se han ido lejos. Como adultos jóvenes, esos niños recuerdan cuan bueno fue siempre que vieran las hojas de los árboles cambiando de color, manejar por el parque o ver un juego de fútbol en un patio vecino.

Los niños que disfrutaron de juegos de verano pueden verse todavía en un diamante de béisbol o en un campo abierto. El niño está en turno al bate, la mamá en primera base, el papá lanzando, una hermana en tercera base y un hermano está en el jardín izquierdo. Al batear la pelota hacia el cuadro, todos empiezan a correr en la misma dirección. En la memoria de ese niño, el eco de los gritos y chillidos de excitación todavía resuena en su mente.

Hay suficientes momentos serios en la vida. Hay momentos de aflicción cuando un miembro de la familia está enfermo o en dificultad, o cuando las finanzas están inusualmente bajas. Esas etapas necesitan ser compensadas con tiempos de diversión, risa y juegos en familia.

Muchos adultos jóvenes sienten dolor por esas clases de recuerdos. Sus mentes se inundan con las imágenes descoloridas de una triste niñez. El papá no jugó con ellos en el piso; la mamá no paseó con ellos por el bosque. Está en los padres el crear buenas memorias para sus hijos.

DONUT-MANÍA

Es difícil saber cómo empezar a construir recuerdos, porque los niños a menudo recogen tradiciones de las cuales los padres nunca soñaron que durarían.

Pat y yo planeamos algunas actividades con el solo propósito de tener recuerdos para siempre, pero muchos de esos momentos los hemos olvidado por completo. Un ejemplo fue el viaje al *Museo Truman* en Independence, Missouri. Yo pregunto: ¿qué joven no agradecería hacer una excursión de tres horas a un museo de la Segunda Guerra Mundial?

Hasta llevé a las niñas al *Grand Oíd Opry* en Nashville. Pensé que se emocionarían grandemente al oír a Hank, Skeeter y Roy. En la mitad del espectáculo le pregunté a June si lo estaba disfrutando. Su única respuesta fue: «¿Tienen caramelos en el quiosco?». Y Mary dijo: «Me alegro que a ti te guste, papá», palmoteándome sobre los hombros como si quisiera tranquilizarme por haber venido con ellas.

No es necesario decirlo, esos no son recuerdos que nuestros hijos traen a colación con frecuencia. (Evidentemente, no habían entrado en esa cultura.)

En vez de eso, mis niñas recuerdan cuando nos detuvimos en un restaurante a comprar un inmenso pastel de fresa y luego lo comimos sin dejar nada. En efecto, se divirtieron más dándose un atracón que visitando museos espectaculares y oír buena música campesina.

Recuerdan cómo se hartaron de comida en una pizzería y después se divirtieron en las máquinas de juegos electrónicos. Su idea de diversión era hablar con un oso mecánico y coleccionar premios tales como armónicas de juguete, lentes oscuros y llaveritos de muñecos de peluche.

Otra cosa que recuerdan con cariño es un ritual moderno: los viajes tarde en la noche, en busca de donuts. Nuestros antepasados no trajeron esta tradición de Copenhague ni de Liechtenstein. Esta fue creada en la querida y antigua Nebraska.

A veces a eso de las once de la noche, alguien en la casa simplemente decía: «Vamos a comprar donuts». Al instante corríamos hacia el carro como estuviéramos por viajar a Grand Island, a veinte millas de distancia. Irrumpíamos en la única tienda de donuts que había y embutíamos donuts por una o dos horas. Nosotros hasta podíamos hablar de nuestras dietas. Reíamos un poquito, soñábamos un poquito, llorábamos un poquito y comíamos una gran cantidad. Por lo general, eso continuaba hasta que Pat se acomodaba en un rincón y alguien sugería que regresáramos.

¡Eso es todo! Por supuesto, no era una reunión alrededor de un árbol navideño, o hacer una peregrinación a Memphis, pero, créalo o no, ese ritual tiene su significado.

Cuando los estudios superiores aumentan las tensiones, cuando las cuentas por pagar se incrementan, cuando las relaciones se resquebrajan, nuestros hijos adultos ansían un paseo a comer donuts. Usted pudiera pensar que se encaminarían a un monte de oración, a un consejero o a inscribirse en los Cuerpos de Paz. Al fin y al cabo pudieran hacer todo eso. Pero encabezando la lista están los servicios terapéuticos dados sólo por la donut-manía o alguna cosa similar.

Semejante paseo tiene todos los ingredientes necesarios para despejarnos. Rompe la rutina, provee espontaneidad, cambio de escenario, un suministro instantáneo de oyentes atentos. Provoca la unión de los miembros de la familia, ofrece bastante alimento y bebida, presenta un foro abierto de opiniones e inyecta suficiente chispa dentro del sistema como para correr sin descansar hasta Pittsburg.

Algunas veces no hay nada como eso. Cuando la vida parece en extremo complicada y los desafíos demasiado escabrosos, un hijo adulto mirará hacia atrás a los lugares seguros que conoció. Y quizás no sean los momentos de quietud y las situaciones que tratamos de edificar en sus recuerdos. Mejor dicho, a menudo serán los nidos que hacen falta y las madrigueras con las que tropezamos por accidente. Las posibilidades son infinitas, pero las oportunidades deben ser suministradas por nosotros, los padres.

OTRAS TRADICIONES

No toda la familia estará atada a un tipo de dulcería. Pero la mayoría tiene algún lugar donde «sentirse bien». Quizás sea salir hacia una cabaña favorita. Tal vez sea estar alrededor de una fogata con una taza de té caliente. Para algunos será una cafetería en un centro comercial. Otros vienen al hogar a hornear galletas, porque es allí donde recuerdan las charlas con la mamá o los hermanos y el alimento caliente que reconforta el alma. Los olores y los sonidos de nuestro lugar favorito nos dan un fuerte sentido de seguridad y salud.

Una vez que los jóvenes han conocido un lugar familiar de reunión como ese, con frecuencia se sienten atraídos a regresar. Finalmente, encontrarán a alguien importante que tendrá el papel de ir con ellos a lugares de diversión, pero nadie olvidará con facilidad las caminatas con sus padres, los paseos al campo, los cantos junto al piano, una visita a la vieja iglesia, las frituras de cangrejo en la feria del condado, los descansos en el sofá, o adornar el arbolito de Navidad de la familia.

Estos hechos traen a la memoria la alegría y la paz de la niñez sin hacer que el adulto joven se sienta como un niño. Por otro lado, si un hijo vuelve al hogar de la universidad y sus padres constantemente le dicen qué hacer, provocan que el hijo se sienta un niño de nuevo. Si a una hija sólo se le recuerda los errores que cometió en la escuela secundaria, sus padres la hacen sentirse como si fuera niña otra vez. Pero cuando los padres proveen los sonidos y olores del ambiente de la niñez, la sanidad ocurre.

Un buen lugar para volver al hogar

Para los jóvenes que viven solos, con sus propios recursos, ir de visita al hogar debiera acarrear más que pláticas serias y sermoneos paternales. Fuera de la saya de la madre de su niñez, buscan sentimientos de comunicación, seguridad, identidad, aceptación, bienestar y amor. Algunos admitirán que le falta oír la oración de papá antes de las comidas. Les gusta saber que el simple ritual de la infancia todavía se practica. No porque los ritos tengan la característica de ser correctos o incorrectos, sino porque dan una sensación de seguridad, afecto y bondad.

Ninguno quiere volver a un lugar tumultuoso. Hay suficiente tensión en el mundo externo donde viven cada día. Por lo general, cuando los jóvenes tienen una oportunidad, buscarán un lugar de paz y de tranquilidad, familiar, rodeado de comodidades, una isla donde el espíritu se eleva y regocija.

«Gran remedio es el corazón alegre, pero el ánimo decaído seca los huesos» (Proverbios 17:22).

Si usted se pregunta por qué los jóvenes no vuelven al hogar con frecuencia, mida el nivel de alegría que hay en él.

Nunca es demasiado tarde para crear un hogar en que se respire amor, si es que no ha habido uno en el pasado. Mientras varios jovencitos viven en el hogar, tal vez haya tensión y alboroto, pero cuando la familia ha crecido, con frecuencia los padres son capaces de mantener el equilibrio y proveer un refugio tranquilo para que sus hijos vuelvan a él. Pregúntese qué les costaría hacer de su hogar un sitio más atractivo. No estoy hablando acerca de tomar un baño caliente o de una piscina en el patio. El secreto es un hogar donde los jóvenes sientan que son aceptados tal y como son, sin hacerles preguntas.

Un lugar de risa

El hogar debiera ser un lugar donde la familia se alegra. No tiene que ser un club de comedia, pero tampoco debiera ser una zona de guerra.

La risa viene en dosis diferentes para gente diferente. Para una en familia particular, puede ser espontánea y constante. Para otra, es ocasional pero cálida. No hay nada bueno o malo en cualquiera de los estilos. Los jóvenes que crecen en una familia con un cierto estilo de humor o amante a divertirse con bromas, por lo general, lo apreciarán cuando regresen de visita.

Para asegurarnos de que los adolescentes continúen sintiéndose a gusto con nuestro estilo de humor, necesitamos tener en mente un par de pautas sencillas:

No permita el humor que insulta. Quizás dé risa, pero al costo de herir la susceptibilidad de algún miembro de la familia. Tarde o temprano, alguien tomará en serio lo que se pensó que era un chiste. Si las burlas y ofensas personales son su estilo, comience a cambiar. Tal vez no sea fácil, pero vale la pena el esfuerzo si es que quiere que sus hijos ahora se sientan cómodos en el hogar y después regresen adonde se sienten seguros.

Cuando los jóvenes traen al hogar amigos o novios, los recién llegados tendrán dificultad en interpretar qué es lo que está pasando, si el humor es desagradable o lleno de indirectas. Muchos posibles yernos o nueras sienten rechazo por el humor que no entienden de la familia. Esto es difícil de acabar en una familia que tiene esta clase de humor.

Reduzca los chistes que se refieren a historias de la niñez. Algunas historias de la niñez son divertidas y se pueden repetir, pero cuando se dicen en presencia de amigos o personas conocidas, también pueden ser dolorosas. Si piensa que una historia es muy buena como para no dejar de relatarla, piense primero cómo podría afectar al joven implicado en la historia. A los jóvenes adultos no les gusta regresar al hogar con la intranquilidad de que sus padres tal vez los avergüencen en presencia de otros.

Diciéndolo sencillamente, haga de la risa una parte de su círculo familiar sin herir o desconcertar a nadie. Como Brer Rabbit, todos necesitamos «un lugar de risas», pero no uno que cause dolor. Riámonos unos con otros, pero no unos de otros.

«—¡Sí creo! —exclamó de inmediato el padre del muchacho—.
¡Ayúdame en mi poca fe!».
—Marcos 9:24

8

Gracias por...
ser un ancla en tiempo
de tormenta

Un mar furioso es una metáfora excelente para describir los años de la adolescencia. Algunas veces las aguas están picadas, otras tumultuosas. Muy rara vez están en calma y apacibles. Quizás el mar esté en reposo por un tiempo, pero ruge otra vez en el momento menos esperado.

Cuando las olas están agitadas, cada adolescente necesita saber que tienen un ancla en un padre, o unos padres, dignos de confianza.

Las enfermedades, los corazones quebrantados, los sueños rotos, las limitaciones financieras, los problemas escolares, los cambios en el cuerpo y la confusión espiritual son unas pocas de las tormentas que azotan a un adolescente. En medio del conflicto, a menudo parece que empujan lejos a sus padres. Necesitan espacio, pero en realidad no quieren que sus padres los echen de su lado. Secretamente esperan que los padres se mantengan firmes a pesar de todo.

La última cosa que los adolescentes necesitan es un padre que lo único que hace es desaparecer... aquí ahora, no cualquier otro día, apareciendo inesperadamente en ocasiones especiales, dejándose ver en el hospital o en la escena de un accidente, y luego olvidarse de los cumpleaños o los paseos prometidos.

Tampoco aprecian al padre que intenta alejarse del cuadro cuando las tempestades oscurecen los cielos. Cuando están en problemas en la escuela o en las calles, necesitan padres que echen el ancla y resistan los mares encrespados junto a ellos.

En esta prueba, la tentación de la siempre cambiante sociedad es a escapar de los problemas. Algunos argumentan que han hecho lo que pudieron por ayudar a sus hijos a ser adultos responsables, pero que no pueden desperdiciar su tiempo en jóvenes que causen dificultades o que pierdan las normas. Otros padres apoyan a sus hijos adolescentes, no defendiendo lo malo que hacen, sino mostrándoles amor y preocupación cuando los problemas afloran. Afortunado es el joven cuyos padres no renuncian cuando vienen los golpes de la vida.

Los años difíciles

La mayoría de los padres han ido a la oficina del director, por lo menos una vez, porque su niño tuvo problemas en la escuela. Algunos han estado cerca de ellos cuando se les acusó de cometer algún robo; otros han ido con su hijo a una consejería especial, o aun han visitado a un miembro joven de la familia en la cárcel. Hablamos de padres responsables. Es fácil para un joven sentir gratitud por padres como esos.

La mayor parte de los adolescentes parece que se meten en algún tipo de problema en esos años turbulentos. Hay muchísimas oportunidades para enredarse en problemas y son difíciles de evitar por completo. Súmele al hecho de que los adolescentes están probando los límites para ver si los traspasarán. Como los pajaritos que prueban sus alas para volar, saltan para tropezar y caer en el proceso.

Recuerdo haber estado junto a mis hijos cuando se vieron en algún problema. Algunas veces eran inocentes por completo; otras eran tan culpables como los ladrones de banco. En ambos casos estuvimos a su lado, recordándoles que a pesar de todo les amábamos.

Una de las sorpresas más grandes que afronté cuando mis hijos se involucraron en problemas, fue la tendencia de los padres a defender a su hijo al costo de atacar a otros padres o a otros jóvenes. Parecía que necesitaban decir que su hijo no era tan malo como el de los demás. Puedo entender la necesidad de decir alguna cosa buena acerca de su hijo, pero no a expensas de rebajar a otro.

Muchos padres se sienten confundidos, desilusionados y al fin y al cabo amargados cuando la conducta de su adolescente los está destrozando. Es duro estar hombro con hombro con el hijo en momentos como esos. Algunos padres se darán por vencidos por períodos cortos de tiempo y luego se recuperarán, en cambio otros tiran la toalla y dejan de intentarlo.

La presión se puede volver insoportable. Pero el ejemplo final para el padre cristiano es Dios mismo. A Él nunca le toma por sorpresa nuestro comportamiento, no nos desecha cuando no cooperamos y nunca se da por vencido. Dios practica una tolerancia extrema hacia nosotros, y ese es el principio que necesitamos llevar a la práctica. El padre que no se da por vencido respecto a su hijo rebelde da un ejemplo del amor de Dios que permanecerá en la memoria del adolescente.

El principio es seguro y práctico para cuando se enfrente a una situación difícil por ser padres. Necesitamos mantenernos firmes allí, tal vez por un largo tiempo. Sólo el padre sabe cuándo un transitorio «quedarse atrás» del muchacho será beneficioso para este, pero el principio permanece: Sea un ancla aun cuando sus tormentas lleguen a ser su propia tormenta.

El temor al abandono

En cada edad está presente un cierto temor sincero. No queremos que nos dejen solos. Los niños, adolescentes, adultos y ancianos no son una excepción de esa ansiedad.

Es probable que sus adolescentes tengan amigos que han tenido uno o ambos padres que los han abandonado. Si no, ellos los han visto representados en la televisión, o lo han leído en el periódico. Es una enfermedad común de nuestros días.

Hasta han oído acerca de buenos padres que han dejado a sus familias. Padres que parecen tener todas las cosas en orden. Grandes comunicadores, buenos proveedores, aun maestros de la Escuela Dominical y líderes de los jóvenes. Hoy en día, los jóvenes constantemente tienen la sensación de que el abandono podría ser una realidad en cualquier clase de familia. Incluso en las suyas.

La adolescencia es una época de egocentrismo. No porque los jóvenes sean intencionalmente egoístas, sino porque los cambios vienen tan rápidamente a sus vidas que la supervivencia personal es un verdadero problema en sus mentes. Quieren saber cómo todas las cosas les afectarán personal y directamente.

Los adolescentes esperan que sus padres permanezcan cerca y asuman la responsabilidad como lo harían los adultos. No quieren preocuparse respecto a citas, al impulso sexual, los deportes, los cursos, las torpezas, el acné y al mismo tiempo mantenerse al tanto de sus padres. Algo en la vida tiene que ser seguro. Si no pueden asegurar de que su pelo se quede en su sitio, al menos quieren que sus padres permanezcan en el suyo.

Un mundo imperfecto

Desafortunadamente, los padres no siempre viven en mundos fantásticos. Con frecuencia el divorcio desorganizará la vida del jovencito. Pero cualquier estabilidad es siempre una ventaja bien recibida. Si ambos padres, sin importar su lugar de residencia, hacen lo mejor que pueden por sostener y alentar al joven, este se beneficiará.

Pocas cosas son tan devastadoras como el padre divorciado que abandona el hogar y pierde contacto con sus hijos. Algunos pueden imaginar que su ausencia es mejor para el muchacho, pero eso está muy lejos de ser cierto.

Fue apenas la semana pasada que mi esposa y yo nos preguntamos si habíamos pensado alguna vez en dejar nuestra familia. El hecho es que sí, ambos lo hemos pensado. Recuerdo muy claramente que me encontraba parado en un aeropuerto en Minneapolis, tratando de decidir qué avión tomaría. Uno me llevaría a mi hogar en Nebraska, el otro a cualquier otro lugar.

Cansado, deprimido y desalentado, agonizaba por la decisión que debía tomar. No era un pensamiento meramente pasajero, trataba de imaginar a dónde podría ir y perderme. Incluso pensé que sería mucho mejor que los niños estuvieran sin mí.

De algún modo, por la gracia de Dios, mis piernas se movieron perezosamente hacia la puerta que indicaba el hogar. No oí las voces de ángeles ni vi brillar luces que me guiaron hacia mi elección. Era más que una comprensión, un tipo de decisión perseverante que me permitió regresar a la familia que amo.

No vacilo en relatar esta historia porque he oído a muchos padres contar una similar, como la del que pasó un fin de semana en un motel, tratando de decidir qué camino tomar; un padre sentado en su carro sobre los rieles del ferrocarril, esperando que pasara un tren y dudando si lo interceptaría.

Numerosos padres han luchado con una decisión como esa. Es indudable que los que se ajustaron bien los pantalones y regresaron al hogar fueron una bendición para sus hijos como nadie puede imaginar.

Quizás algún día nuestros hijos enfrenten la misma decisión cuando lleguen a ser padres.

Tal vez en ese momento saquen fuerzas al darse cuenta que sus padres tropezaron de frente con la misma crisis y decidieron regresar al hogar.

En un mundo imperfecto, los jóvenes no necesitan que se les añada el sufrimiento de ser abandonados por un padre.

CONFERENCIAS FAMILIARES

Algunos adolescentes se vuelven inquietos e impacientes cuando su familia se reúne para una conversación o discusión seria. Pueden moverse en sus sillas, o inclinarse como si evadieran el círculo familiar.

A pesar de la incomodidad que pudiera causar, las conferencias familiares son importantes y necesarias. Es un tiempo para recoger información y manifestar sentimientos verdaderos. ¿Qué está pasando y por qué? La comunicación no se puede reducir a oraciones cortas mientras se va por el corredor o al salir por la puerta. Cada miembro de la familia tiene el derecho a saber qué está ocurriendo con los demás miembros de la familia. Y los adolescentes, en el centro del cambio y la dificultad, especialmente necesitan saber si el ancla está en su lugar y si alguien está cerca para escucharlos.

La Biblia nos dice que la esperanza nos sirve como un ancla. Los mares no nos podrán arrastrar, ni andaremos a la deriva en la noche. «[…] la esperanza puesta delante de nosotros. La cual tenemos como segura y firme ancla del alma, y que penetra hasta dentro del velo» (Hebreos 6:18b-19).

Nuestra esperanza está fundada en el carácter inmutable de Dios. Sabemos al despertar en la mañana que Dios no se ha vuelto inconstante en la noche. Él nunca se parará en un aeropuerto tratando de decidir cuál avión tomar. Él nunca nos dejará. La esperanza es un ancla porque nuestro amoroso Padre celestial está detrás de ella.

Pero con los seres humanos no podemos estar seguros. Esa es la razón del porqué una familia necesita sentarse y discutir cómo van las cosas:

- ¿Nos interesamos aún el uno por el otro?
- ¿Están nuestras finanzas todavía a flote?
- ¿Podremos hacer un viaje?
- ¿Cómo están los cálculos biliares de la tía Lidia?
- ¿Por qué estoy castigado?
- Sara sigue tomando mis blusas sin mi permiso.
- ¿Nos mudamos o nos quedamos?
- ¿Tengo que ir a la iglesia?

Algunas de estos son problemas críticos, en una época en que la vida ocupada de un adolescente no le permite mucho contacto con el resto de la familia.

Salí de viaje por una semana. Al tercer día, nuestro hijo Jim preguntó con discreción: «¿Papá fue a algún lugar?». Es cierto que pudimos habernos comunicado mejor con él. ¿Soy tan torpe que Jim no me echó de menos en esos tres días? ¿Mi relación con él fue tan pobre que no supo que iba a viajar? Es necesario que la comunicación sea diaria, un esfuerzo consciente.

UNA PREGUNTA DOBLE

Haga un inventario de seguridad de su casa haciéndose estas preguntas:

1. ¿Qué razones tiene su adolescente para creer que usted aún estará cerca de él la siguiente semana?
2. ¿Qué razones tendría para creer que usted quizás no esté cerca la siguiente semana?

Después que piense sobre estas dos preguntas, pregúntese cómo puede llevar más razones hacia la pregunta dos y fortalecer las respuestas a la pregunta número uno. No tome ninguna de las preguntas a la ligera. Su hijo pudiera percibirlas completamente diferente a usted. Trate de pensar qué cosas dice o hace que pudiera crear la ansiedad de separación en un joven dependiente.

Comentarios imprudentes relacionados con lo infeliz que está en la casa o «junto a los niños» pueden crear ansiedad en un joven. Cuando hacemos comentarios despectivos acerca de nuestro cónyuge, el niño puede comenzar a preguntarse cuán estable es la relación entre sus padres. Fuertes referencias a estar solo, libre o separado, de cualquier manera le puede dar a un niño una causa verdadera de preocupación.

Frases que den seguridad acerca del amor y la esperanza, disfrutando la compañía de los niños, sentir placer por su presencia, todo esto ayuda a reducir la ansiedad en un niño. Así como nosotros confiamos en el carácter de Dios, los jóvenes dependen del carácter de sus padres. Necesitan saber que valoramos la dedicación, las relaciones, la familia y el compañerismo.

TODO PULPO NECESITA UNA CABEZA

Imagínese un pulpo en lo profundo del mar: sus ocho brazos moviéndose en todas direcciones. Pueden verse muy desarticulados y descoordinados. La única cosa que los mantiene unidos es la cabeza. Sin ella, el animal es un revoltijo de tentáculos.

Cuando una familia empieza a tirar cada uno por su lado, necesita de un punto focal que la mantenga unida. En su casa una jovencita podría romper con su novio mientras que a otra no la invitan a salir. Uno quizás obtenga una posición importante en el juego de la escuela y luego lo ponen como suplente. Otro que pierde el honor de la sociedad por su situación económica. Tal vez usted tenga un adolescente que fuma droga, en comparación, la pelea en la que su hermano se metió al practicar baloncesto es insignificante. Una hermana piensa que su hermano mayor es un canalla y el menor un pesado.

Las dificultades reales e imaginarias ponen a la familia en direcciones diferentes. Variar los grados de consejo y consuelo son constantemente necesarios. Los padres deben servir como el punto central y firme de contacto y orden, aun cuando se sientan incapaces.

Algunos padres pueden perder interés en mantener a la familia en un equilibrio estable, o al menos juntos. Algunos se van lejos y dejan que los niños se las arreglen como puedan. Pero nosotros en realidad no estamos dando esa opción. Abandonar a la familia es traicionar a nuestra propia carne y sangre. Todos los padres deben dominar sus acciones al tratar con sus propios problemas, mientras que al mismo tiempo resuelven los de sus hijos dependientes. Ninguno que ve a su familia atravesando situaciones de crisis en proporciones cambiantes es libre para dejar de ser padre en medio de la corriente. No somos en realidad libres para «encontrarnos a nosotros mismos» ni para escudriñar alguna playa sin descubrir. Dios ha puesto a los niños bajo nuestro cuidado a fin de proveerles y estar con ellos como Él está con nosotros.

Proveer no significa simplemente una asignación semanal y tres comidas al día sobre la mesa. La estabilidad emocional y espiritual es indispensable en el mar inestable de la vida.

Un joven hablaba de sus periódicas crisis nerviosas como adolescente. Finalmente debió ser internado. Pero sin importarle la difícil situación que le sobrevino, manifestó que podía siempre contar con su «incansable» padre. En los días de visita, en la institución del estado, siempre veía la cara sonriente de su padre. Aun cuando el joven hizo cosas insólitas y acusaciones terribles, su padre rehusó darse por vencido.

Hoy en día es un adulto estable y responsable; este hombre joven debe su recuperación en parte a la firmeza de su padre, y está tremendamente agradecido por esto.

Por lo general, la gente que se ponen sobre pedestales como si fueran héroes son los tipos fanfarrones, estrellas de música rock, atletas, estrellas del escenario y la pantalla, aventureros. Todos suenan muy románticos y maravillosos, pero los verdaderos héroes son las madres y los padres que sirven como anclas para sus hijos. Cuando todas las demás cosas en la vida de un adolescente se vuelven arena movediza, los padres deben ser confiables y asequibles por completo. Tal vez sus adolescentes no lo vean ahora como un héroe, pero algún día sí lo harán.

ABRAZOS Y PALMADAS SOBRE LA ESPALDA

¿Actuó Alice Frazier correcta o incorrectamente? Cuando la Reina Elizabeth II de Inglaterra visitó a Alice en Washington, D.C., esa mujer de sesenta y siete años de edad le dio a la Reina un abrazo. Esa simple manifestación de saludo y aceptación preocupó a los encargados del protocolo. ¿Es apropiado que alguien abrace a la Reina sin que ella lo inicie?

Mientras las autoridades de la realeza tratan de desenredar ese dilema, volvemos nuestra atención a asuntos más triviales. ¿Cuán importante es establecer un patrón de abrazos y caricias entre la familia? ¿Podemos mantener esa práctica durante la adolescencia cuando las personalidades tienden a irritarse?

Cualquiera que ha tenido a un agotado y agobiado estudiante universitario que regresa al hogar para pasar un fin de semana, se da cuenta que sentir abrazos y palmadas cariñosas en la espalda nos llevan muy lejos. De la misma manera cualquier adulto joven, ya sea que trabaje en una construcción o en una oficina, aprecia el contacto físico de padres amorosos.

Aun cuando las palabras fallan, el mensaje tranquilizador y de aceptación que se recibe a través del contacto físico produce muy buen efecto. Los jóvenes (a menos que hubiesen sido abusados físicamente) por lo general ansían la caricia de una madre o de un padre, que les trasmita el mensaje de que son todavía amados y aceptados.

Imagínese a un hijo adulto joven, que viene al hogar, entra y es abrazado por un padre amoroso. Una linda relación humana se establece en el instante. Figúrese que esa misma persona descansa en una silla mientras el padre le da un masaje en la nuca y los hombros. Esa expresión sencilla de atención amable envía un mensaje de amor hasta lo más profundo de su ser que las palabras mismas no podrían transmitir.

La caricia amorosa no sólo alegra al padre y al hijo, sino que es terapéutico para los hermanos. Hermanos y hermanas que cuando eran pequeños tuvieron sus peleas, hallan un sentido de cercanía al sentir los abrazos, o al colocar amorosamente una mano sobre el hombro o el brazo del otro.

Para todo el mundo no es fácil abrazar y acariciar a alguien, pero eso no significa que no se deba hacer. Algunos padres estoicos tienen que saltar generaciones de frialdad, con el fin de alcanzar y acariciar a sus hijos. Muchos padres han tenido que salvar literalmente una relación con sus hijos porque de pronto extendieron los brazos y aprendieron a cómo usarlos. Quizás agotaron cada forma de comunicación cuando un fuerte abrazo sirvió como un salvavidas. Se necesitó de un gran valor para echar fuera ese coto cerrado de la vida, pero cobraron fuerza para hacerlo.

LAS TRADICIONALES ÉPOCAS DE LOS ABRAZOS

Es muy sencillo decir si abrazamos o no. Los padres a menudo son buenos en abrazar a sus hijos cuando los niños son pequeños, pero se mantienen a distancia cuando han crecido. Algunos padres son abrazadores de bebés. Les encanta cargarlos. Los mecen, les dicen frases disparatadas y los arrullan con canciones. Más o menos durante el primer año quisieran tener siempre en sus brazos a los bultitos de carne y hueso.

Cuando el niño tiene dos años de edad, se vuelve como un juguete de cuerda que hay que apretarlo un poco más para sostenerlo en brazos. Ahora el pequeño se da a la tarea de demoler la casa y se vuelve más arisco para llevarlo en brazos. Muchos padres dejan la etapa de los abrazos en este punto… para nunca regresar.

Uno de nuestros niños llegó a ser un potro indomable durante esa etapa. Cualquier intento por cargar o mecer al niño venía acompañado de lucha con los brazos, patadas y un cabezazo que iba a dar a la nariz sin protección del padre. Un minuto de forcejeo y pataleo le convencía de que había que poner al niño en el piso y dejarlo que se moviera por su propia voluntad.

A otros padres les gusta cargar niños de los primeros grados. Se les puede llamar abrazadores de lo fácil. Estos niños tienden a ser inocentes y cándidos. Es como respirar aire fresco. Están ansiosos por aprender y deseosos de agradar. La mayoría creen que sus padres son unos héroes.

Es fácil abrazar a los niños pequeños cuando se han pasado todo el día en la escuela y regresan al hogar. Se sienta en el sofá cerca de ellos y repasa la tarea escolar, o conversa sobre lo que hicieron en la escuela ese día. Algunos padres que no fueron tan cariñosos durante la etapa de bebé, se vuelven grandes abrazadores de lo fácil.

Hacia el final de la escuela primaria, el niño da un estirón para llegar a ser un adolescente. Ahora los abrazos disminuyen en popularidad más rápido que el mercado de acciones en el mes de octubre. Los padres que pueden abrazar a sus hijos durante los años juveniles son abrazadores héroes. Estos se mantienen cuando es más difícil y se necesitan todavía más. Hay un lugar especial en el salón de la fama de los padres que abrazan a los adolescentes.

Abrazar a un adolescente es como abrazar el rastro de una estrella en movimiento. ¿Cómo pone sus brazos alrededor de una persona que corre para alejarse de usted? La mayoría de los jóvenes están tratando de hallar su identidad, y se distancian de sus padres. Abrazar a esos muchachos es una proeza hercúlea.

A pesar de esa dificultad, bien vale la pena el esfuerzo de los abrazadores héroes. Se trata de un puente emocional entre la adolescencia y la edad adulta. Los adolescentes necesitan el contacto durante los años turbulentos y cuando vuelven a apreciar a sus padres.

Tal como lo mencionamos en uno de los primeros capítulos, mientras los adolescentes se apartan de sus padres, esperan desesperadamente que no los dejen solos. Muchos padres se alejan por completo durante este tiempo. Eso es de entenderse, porque se sienten rechazados. Pero esto es una prueba. Los adolescentes desean saber si los rechazará mientras ellos mismos se rechazan. Quieren asegurarse de que sus padres les aceptarán, no importa cómo se comporten.

EL ABRAZO INNOVADOR

Algunas veces tiene que ser creativo. Si su hijo no quiere que lo abracen, tendrá que buscar otra manera de hacerlo.

Cuando Jim era un adolescente, no le gustaba que lo abrazara, pero le encantaba luchar conmigo en el piso. Al igual que muchos padres e hijos, empujábamos los muebles y emprendíamos el ataque. Jim, con dieciséis años, probaba sus nuevas tretas de lucha libre conmigo.

Hubiera deseado que Jim hubiera disfrutado un abrazo convencional ahora y entonces, pero su idea de un abrazo era siempre la de inmovilizarme sobre el piso. Lo importante es que esto nos permitía tener contacto físico. Si tal era su manera de llegar a mí, estaba completamente de acuerdo. Ahora que Jim es mayor, simplemente nos sacudimos los brazos el uno al otro en el vestíbulo cuando viene a la casa y a veces juntamos las manos mientras oramos en la mesa. (A pesar de todo no sé hasta cuándo podría mantener nuestras riñas.)

Créanme, poner un brazo alrededor de los hombros de un joven tiene un efecto positivo. Tomar su mano en las nuestras mientras conversamos es como conectar líneas emocionales. Los terminales nerviosos envían mensajes al cerebro y al alma. A la carne le hace falta el toque de otro ser, y no sólo en el contexto sexual.

En realidad sufrimos cuando nos privamos del toque humano. Y muchos jóvenes se meten en problema moral cuando tienen hambre del contacto físico en el hogar.

ABRAZAR A LOS REBELDES

No cabe duda que los más difíciles de abrazar son los adolescentes rebeldes. Arremeten contra todo como los bulliciosos chiquillos de dos años de edad. Sienten dolor y les resulta fácil causarle dolor a los demás, incluso sin darse cuenta.

Pero debemos encontrar un camino. De ser posible, pase en medio de los fragmentos que vuela y póngale sus manos encima de una manera amorosa. Ellos necesitan el efecto tranquilizador de un padre que ama.

Con frecuencia los hijos pródigos creen que no son dignos de que se les abrace. Se vuelven un erizo y tratan de protegerse de cualquiera que se les acerque mucho. Se necesita ser un verdadero héroe para atraerlo y darle un abrazo. Tal vez recibamos heridas en el intento, pero al menos deberíamos tratar. Los padres hacen bien en permitir que sus hijos sepan que no es tan antipático como quizás han pensado.

Algunas veces la caricia es la única manera de comunicar cuánto nos interesan. Las palabras fallan, o no serán oídas.

ABRAZADORES A REGAÑADIENTES

Muchos padres que les fue bien como abrazadores de bebés y después como abrazadores de lo fácil, se desconciertan ante el pensamiento de ser abrazadores héroes. Con frecuencia tienen temores muy arraigados acerca de las connotaciones sexuales de abrazar a un muchacho. Estas inseguridades les impiden por completo abrazar a alguien que aman.

Si el temor de abrazar por causa de la connotación sexual es un resultado de su propia experiencia de abuso sexual durante la niñez, debe buscar un consejero para usted mismo, de modo que no le prive a su hijo del valioso contacto físico.

Si su renuencia a abrazar a un niño proviene de una falta de abrazos en su propia niñez, o de una personalidad que simplemente no «abraza», usted necesita romper el hielo. Es correcto acariciar a los hijos. Si no lo cree así, hable acerca de esto con su esposa. Logre de alguien cercano la seguridad de que es correcto abrazar a su adolescente.

Mi esposa es un buen ejemplo de alguien que no es abrazadora por naturaleza. Personalmente reservada, Pat nunca es de las que abrazan a cualquiera que atraviese la puerta. Pero por algún milagro, es una madre que rompió el hielo, y pudo rodear con sus brazos a sus hijos en esa etapa especial sin vacilar y abrazarlos hasta sacarles el aire.

Aun durante los días en los cuales nuestros hijos eran cabeza dura y desafiante, Pat se esforzó arduamente por abrazar a los traviesos chiquillos. A decir verdad, parecía que intuía la necesidad que tenían de los abrazos cuando estaban menos accesibles.

El toque sanador

Cuando June vino rodando escaleras abajo de la casa, se dislocó el hombro. Pasó la tarde en el hospital local bajo considerable dolor. Cuando el hombro estuvo en su lugar otra vez y luego de descansar, la llevamos a casa.

Más tarde le pregunté cómo fue la experiencia. Respondió que fue una vivencia muy dolorosa, pero: «Mientras el Dr. Larson me hablaba», explicó, «diciéndome lo que tendría que hacer para volver a encajar el hombro, puso sus manos sobre mi brazo sano. El solo hecho de sostener mi brazo me tranquilizó más que cualquier otra cosa».

El poder de ese toque de cariño es un enorme recurso sanador. No tan solo sanidad física, sino mental, emocional e incluso espiritual.

En el Nuevo Testamento se nos dice que los primeros cristianos se abrazaban y besaban a menudo. No solamente lo practicaron, sino que sus escritos animaban a los creyentes a hacerlo.

Se abrazaban (Hechos 20:36-38). Se besaban (Romanos 16:16). Jesús les lavó sus pies (Juan 13:5). Ponían las manos sobre la gente cuando oraban (Hechos 6:6). Jesús tocaba a la gente cuando les sanaba (Mateo 8:3).

Abrazos apretados y palmadas en la espalda son más que un descubrimiento sicológico moderno. Como el chocolate, el tacto tiene un efecto analgésico, sedante, sobre la gente.

En tiempos de pesar, todo lo que digamos o no a la persona atribulada no podrá ser tan reconfortante como nuestro toque de cariño. El simple acto de sostener la mano de la persona ayuda a darle seguridad y comprensión.

Y el toque amoroso puede sacar de su encierro a un adolescente turbado. Con frecuencia, las palabras y acusaciones les llevarán a la distracción, mientras que una dulce caricia, como es bien conocido, reduce la ansiedad e incrementa la confianza.

Un soldado reportó que después de servir en Vietnam, llamó a una prostituta la primera noche de su llegada a California. Le pagó simplemente para que lo abrazara. Necesitaba un abrazo con urgencia y estaba dispuesto a pagar por eso.

No hay garantías de que podemos sanar a cualquier persona con sólo tocarla. No podemos traer solaz a cada alma, o enmendar toda relación con un abrazo. Lo más seguro es que se necesitará mucho más que eso para transformar a un rebelde adolescente. Pero esto es un comienzo. Se trata de un puente en la brecha; responde a una necesidad que cada ser humano siente.

Le podría ayudar a sus adolescentes ahora, y podría traerlos de regreso al hogar mañana.

CUANDO LOS PADRES SE ACARICIAN

Los padres que se toman de las manos y se abrazan frente a sus hijos envuelven a la familia en un cálido manto de seguridad. En el pasado los padres se mostraban renuentes de hacer cualquier contacto físico cuando los hijos estaban a su alrededor, pero hoy la mayoría se dan cuenta que de esa forma transmiten un mensaje en extremo importante. Los hijos, jóvenes y mayores, necesitan saber y ver que sus padres se llevan bien entre sí.

Verlos que están muy cerca el uno del otro, incluso juguetones, expresando que su afecto mutuo no es motivo de vergüenza para ninguno. Más bien, les asegura a los hijos que todo anda bien entre las dos personas más importantes que hay en sus vidas.

Cuando los jóvenes van rumbo a establecer sus propias familias, se sentirán agradecidos por el modelo de afecto expresado que tuvieron en el hogar. Quizás tengan menos problemas en la intimidad de su matrimonio porque se acostumbraron a ver a sus padres unidos. A menudo, esos jóvenes que no tienen un ejemplo a seguir, encuentran difícil la adaptación de estar cerca de alguien. Realmente estamos en deuda con nuestros hijos, en permitirles que nos vean expresándonos amor con abrazos, besos y tiernas caricias. De otra manera, es probable que ellos se sientan incómodos en demostrar afecto frente a sus hijos.

PARA ALGUNOS, UNA NUEVA MANERA DE ACARICIARSE

Quizás una simple manifestación cariñosa no les sea común a algunas familias. En algunos trasfondos su intención era la agresión, o tenía connotaciones sexuales. Algunos padres empujan a sus hijos o los golpean sólo para afirmar su autoridad. Pueden entender que un toque cariñoso sólo se considera un antecedente sexual.

Estas dos concepciones falsas son funestas, porque privan a los hijos del sentimiento de seguridad paterna que se trasmite a través de un toque amoroso o un abrazo.

Muchos padres son ambivalentes con relación a este tema. Los padres deben tener más control de este temor y buscar ayuda si es necesario. Las hijas adolescentes, especialmente, necesitan del calor y la seguridad de un abrazo de su padre. Este es el puente en el intervalo de la adolescencia a la edad adulta y aminorarán rápidamente su necesidad del excesivo contacto con los muchachos de su edad.

Con los padrastros el asunto puede ser todavía más difícil. Debido a que el parentesco con una hijastra no es de consanguinidad, el padrastro pudiera tener dificultad en usar cualquier tipo de intimidad. Aunque debe tener cuidado con cualquier manifestación de afecto, no es imposible mostrar amor a los niños de todas las edades y establecer relaciones de una manera discreta.

Las madres no están exentas, por supuesto. Algunos estudios también indican que la caricia de una madre da más confianza que la de un padre. Pero ambos con sus caricias pueden causar un efecto positivo sobre sus hijos desde la infancia y a través de la adolescencia.

En cómo un adolescente esté a gusto con las caricias depende en gran medida en cómo lo estén sus padres al respecto. Si el contacto de un padre es rígido, inestable, desagradable, el joven tiende a sentirse de la misma manera. Quizás los padres también trasmitan por sus acciones que hay algo incorrecto con las caricias, pero de todas maneras lo van a hacer.

ANSIEDAD DE SEPARACIÓN

Cuando los niños se transforman en adolescente, frecuentemente tratan de evitar todo contacto físico con sus padres. Esto es parte de su esfuerzo por desconectarse, de llegar a ser independientes, consciente o inconscientemente. Este intento de separación puede provocar serios efectos negativos. La falta de contacto físico puede conducir al incremento de una ansiedad de separación. Una extraña paradoja. Cuanto más se aparten los adolescentes de sus padres, más distanciados se sentirán de ellos. Y mientras más distanciados, la ansiedad será mayor.

Por ser retraídos, los adolescentes reciben lo que quieren: distancia. Pero esa misma distancia trae como resultados sentimientos de aislamiento y desesperación.

Más tarde, cuando maduran, vuelven a sentir una fuerte necesidad de acercarse a sus padres. Ese es el pago de la persistencia de los padres. Si los padres siguen esforzándose por acariciar a sus hijos aun cuando los rechazan, los muchachos estarán más aptos, como adolescentes maduros, para volver a entrar en esa esfera de intimidad que conocieron con sus padres.

Hasta los animales tienen necesidad de caricias y afecto. Es por eso que su gato o su perro en ocasiones le roza su pierna. Usted automáticamente le responde porque reconoce esta necesidad. Los adolescentes necesitan que los acaricien. El problema es que tienen necesidades contradictorias de intimidad y distancia. Quizás envíen una mezcla de señales, porque viven con el deseo apremiante de huir y al mismo tiempo de acercarse.

Los padres necesitan llegar a través del conflicto del joven y hacer contacto por algún u otro medio. Cuando lo hace, crea un sentido de intimidad con sus hijos que le será de utilidad ahora y en el futuro.

Lo que soportan es para su disciplina, pues Dios los está tratando como a hijos.
¿Qué hijo hay a quien el padre no disciplina?
Si a ustedes se les deja sin la disciplina que todos reciben,
entonces son bastardos y no hijos legítimos.
Después de todo, aunque nuestros padres humanos nos disciplinaban,
los respetábamos. ¿No hemos de someternos, con mayor razón,
al Padre de los espíritus, para que vivamos?
En efecto, nuestros padres nos disciplinaban por un breve tiempo,
como mejor les parecía; pero Dios lo hace para nuestro bien,
a fin de que participemos de su santidad.
Ciertamente, ninguna disciplina, en el momento de recibirla,
parece agradable, sino más bien penosa; sin embargo, después produce una
cosecha de justicia y paz para quienes han sido entrenados por ella.
—Hebreos 12:7-11

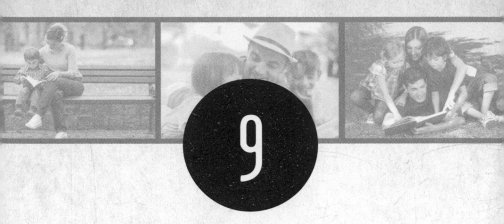

9

Gracias por... disciplinarme

Si a escondidas usted pudiera escuchar a un grupo de adultos de edad mediana hablando de sus padres, probablemente notaría que el tono de sus voces se torna melancólico cuando abordan el tema de la disciplina. Quizás hablen con tristeza de los intentos de sus padres por fijar límites, con comentarios como estos:

- «No podía romper las reglas de estar temprano en casa, pues si no mi padre me disciplinaba.»
- «No volví a casa hasta las dos de la mañana y me quitaron el carro por dos semanas.»
- «Todo lo que mi padre hizo fue mirarme con esa mirada, e hizo que me sintiera muy mal.»
- «Si no obtenía buenas calificaciones, mis padres me matarían (una frase que se usa con frecuencia para describir a los padres que en realidad no les causaron daño

físico a sus hijos, pero que les aclararon muy bien lo que esperaban de ellos).»

Hay una cierta nostalgia acerca de la buena disciplina. Incluso hay un deseo vehemente de algunos que quisieran haber recibido más disciplina. Hubieran deseado que sus padres les hubieran puesto límites más firmes y les hubieran obligado a cumplir con más frecuencia.

Es cierto que los adolescentes reclaman una disciplina saludable. Algunas veces encuentran que resulta difícil controlarse y les gustaría que alguien más les ayudara con ese control. Rehusarán la disciplina en ese momento, pero en la mayoría de los casos la recordarán con mucho agradecimiento.

June acostumbraba a confundirnos pidiéndonos disciplina. Antes de asistir a una fiesta nos preguntaba: «¿Qué ocurre si no llego a tiempo a la casa? Ustedes me van a disciplinar, ¿no es cierto? O Me van a hacer trabajar en el patio, ¿verdad que sí? O ¿Me van a prohibir ver la televisión?».

Y nosotros respondíamos: «No te preocupes, June. Solamente vuelve a la casa a tiempo». June siempre regresó a tiempo. Creo que ella buscaba dos cosas. Una, quería saber que había un factor de control vigilándola, y además deseaba saber que alguien se preocupaba por ella. Dos, June quería decirles a sus amigos: «Si llego tarde a la casa, mi padre me va a matar».

Realmente, la afirmación podría llamársela una entrañable confesión. Es una burda exageración con un trazo microscópico de verdad. El joven que dice esto probablemente tenga un gran respeto por un padre que podía aplicar una presión razonable.

CUANDO NO QUIEREN SER AGRADECIDOS

Hay tres tipos de disciplina que causan resentimiento en vez de agradecimiento:

1. La ausencia de límites
2. Disciplina irrazonable
3. Disciplina cruel

Los adultos que recuerdan la disciplina de su juventud como inflexible, obviamente no la agradecen. Ven el acto de disciplinar como cualquier cosa menos como un acto de amor. En su caso, sus padres fueron crueles, egoístas y rencorosos.

La disciplina que nace del egoísmo de los padres, de una necesidad de afirmar su autoridad, o de aparecer fuerte o duro, es una disciplina que el niño rechazará.

Por lo general, los jóvenes pueden sentir cuando los padres en realidad no tienen las mejores intenciones en su corazón. Saben cuándo hay otro motivo en el fondo. Eso desconcierta al adolescente y al final los frustra. La frustración se torna en ira; la ira se torna en odio.

Nunca debe pegarle a un niño en momentos de ira. Si no se puede controlar cuando su niño se porta mal, será mejor que no lo castigue. Disciplina y zurra no son sinónimos. Hay muchas maneras de disciplinar sin dolor físico.

Si piensa que está zurrando con furia, o su cónyuge presiente que lo está haciendo así, es posible que esté haciendo exactamente eso.

La disciplina provocada por la ira causará indignación y resentimiento permanentes en el niño o en el joven que la recibe, porque sentirán que están siendo abusados.

Cuando la corrección es necesaria, cierta clase de disciplina es justa. Un jovencito que se sale de sus límites necesita que se le recuerden para su propio bien.

Esto no es una tarea fácil y algunas formas simples de disciplina no dan resultados con los adolescentes. No son niños pequeños que se pueden levantar y ponerlos de castigo en una esquina. La disciplina para un adolescente debe ser moderada y dar a proporción con sabiduría y discreción. Si su hijo desafía la disciplina, quizás hay poco o nada que pueda hacer inmediatamente. Pero no se dé por vencido. Cuando los niños se dan cuenta que usted lo hace para su propio bien, a la larga responderán y estarán agradecidos por sus esfuerzos.

UNA PERSPECTIVA BÍBLICA

Hebreos 12:7-11 nos da una visión general de los beneficios de una disciplina firme. Aunque el pasaje se refiere a la disciplina de nuestro Padre celestial, nos recuerda los principios disciplinarios que deben seguir los padres:

1. *Los padres buenos disciplinan* (v.7). La disciplina es una señal de que el niño es aceptado por los padres. Si rehusamos disciplinar, en un sentido hemos rechazado al niño.

2. *Los niños respetan la disciplina* (v.9). Si la disciplina se lleva a cabo correcta y amorosamente, por lo general los jóvenes respetarán a sus padres por trazar los límites y aplicarlos.

3. *La disciplina no es placentera en el momento* (v.11). No espere que su hijo lo felicite cuando lo discipline. El proceso es doloroso. A nadie le gusta ser corregido o criticado.

4. *Más tarde, la disciplina da virtud y paz* (v.11). A medida que crecen, los jóvenes ven y cosechan los beneficios de una vida hogareña disciplinada. Pueden recordar y ver los esfuerzos de sus padres como un trabajo de amor. Agradecen que sus padres les dieran las directrices, límites y plazos, aunque les parecieron dolorosos en ese momento.

Si Dios disciplina a quienes ama y los llama hijos, por eso nosotros como buenos padres debiéramos también disciplinar a nuestros hijos para mostrarles amor y preocupación por sus vidas.

La disciplina como una forma de comunicación

La tendencia de los padres que no hablan con sus adolescentes es usar la disciplina como la mejor forma de comunicación.

Desde temprano en la niñez, los niños prueban la paciencia de sus padres y sus habilidades de comunicación. ¿Quién no ha visto a una madre que con calma trata de enseñarle algo a su niño preescolar, sólo para sentirse frustrada por la falta de respuesta? Si la madre está cansada u ocupada puede recurrir al uso de su mano o al objeto más cercano para conseguir la atención inmediata del niño.

Obviamente, golpear a un niño no es una buena manera de comunicar sus deseos. Demasiados padres de familia usan la disciplina como una primera o mejor forma de comunicación, de ese modo estorban el verdadero propósito de la disciplina, que es corregir la oposición terca, la desobediencia o la conducta inaceptable. Las palabras fallan, o el hábito facilita recurrir a algún grado de fuerza.

Los padres hacen bien en practicar las habilidades verbales, concentrar sus esfuerzos en comunicar los términos, las reglas, los límites necesarios. Si más tarde una regla parece demasiado rígida, no tema en ser flexible. La justicia y la comprensión toman el camino más largo para fomentar las respuestas buenas en sus hijos. No discipline a su hijo sin que este sepa la razón. Los niños necesitan pautas y por lo general las respetarán si ven el amor y la lógica demostradas en ellos.

Disciplina buena; resultados malos

Los padres prácticos entienden que la disciplina tiene resultados limitados. Aun si un padre ha perfeccionado una buena disciplina en el hogar, no hay garantía de que los resultados sean duraderos.

Esta es la razón por la cual el libro de los Proverbios amonesta a los jóvenes a prestar atención a la buena disciplina. Quizás los adolescentes escojan fugarse e ir por su propio camino sin importarles cuán bien sus padres practicaron la buena disciplina. No se trata de que el padre estuviera o no equivocado, más bien significa que el adolescente hizo su propia elección de ir contra su crianza. La mayoría regresará al camino que le enseñaron, pero, repito, no hay garantías.

Algunos adolescentes rehúsan de plano aceptar cualquier forma de dirección. Aun cuando saben que la disciplina es para su propio bien, quizás sigan rechazándola. Están determinados a tomar su propio camino y vivir con las consecuencias.

Como resultado, muchos padres son muy duros consigo mismos. Se preguntan qué hicieron mal, dónde fallaron, cuando sus hijos se ven atrapados en el alcohol, las drogas, el sexo premarital, el crimen o alguna rara secta religiosa. La tendencia es echarse la culpa.

Algunos padres han fallado con sus hijos. Fueron irracionales en la disciplina, descargaban su ira, o no disciplinaban. Pero muchos otros hicieron lo mejor que pudieron. Esos padres no debieran recriminarse por los adolescentes que no pudieron controlar.

PADRES DEFRAUDADOS

Es duro mirar las fotos antiguas de los niños que se han rebelado y rechazado su disciplina. Usted puede verse acampando con un hijo que creció a la caza de una vida desordenada. O mire a su rebelde hija en sus años juveniles cuando era tan dulce y adorable para su papá. Usted contiene las lágrimas tratando de comprender cómo pudo descarriarse y llegar a ser desdichada.

Duele mirar las fotografías de toda la familia en los tiempos felices, y distinguir a un hijo cuyo paradero es incierto ahora. Las fotografías ofrecen recuerdos placenteros, pero también nos recuerdan los sueños rotos, las desilusiones y los destinos inciertos.

Cuando un adolescente se vuelve como un río furioso con la determinación de saltar sus riberas, no hay mucho que el padre más dedicado pueda hacer.

La disciplina correcta no es una tarea fácil. Se necesita de la gracia de Dios y un arduo trabajo, pero cuando pasen esos días muchos jóvenes recordarán con gratitud y amor a los padres que les dieron lo mejor.

*«Así que cada uno de nosotros
tendrá que dar cuentas de sí a Dios».*
—Romanos 14:12

10

Gracias por...
no ponernos el uno contra el otro

Cuando Jim trajo al hogar un papel de la escuela con una califica-ción de noventa y ocho por ciento, nos paramos sobre las sillas y gritamos de entusiasmo. Nos esforzamos en darle a conocer que hizo un buen trabajo y de cuán orgullosos estábamos de él. Dios le dio a Jim una gran inteligencia y nosotros se lo hicimos saber.

Pero más tarde en ese mismo día, Jim supo las calificaciones de sus hermanas. La nota de noventa y ocho de Jim se quedaba en un tercer lugar detrás de sus dos hermanas. Esto, desde luego, le quitó algo del brillo de la emoción del triunfo de Jim. Se convirtió en un amargo «no puedo ganar no importa lo que haga».

La competencia entre hermanos puede ser un problema para toda la vida. Alguien va a obtener la casa más grande, el grado más alto, el salario más elevado, el cónyuge más rico, el automóvil más bonito e incluso una mejor salud. Si nuestros hijos crecen para medir lo que valen al compararse con sus hermanos, siempre estará el uno contra el otro.

Los padres quizás no sean capaces para controlar toda la rivalidad entre hermanos, pero pueden ser sensibles a ella. Especialmente necesitan resistir la tentación de elegir favoritos. Los jóvenes llegan a imaginar que sus padres prefieren a un hijo más que al otro. Desgraciadamente, a veces es una realidad. Examine sus actitudes y trate de mostrar igual amor e interés por todos sus hijos.

Amar a un desobediente

Dios nos ama aun cuando somos malos. Su amor es constante e infalible, no depende de nuestra conducta.

Como padres, tenemos la tendencia a apreciar más el buen comportamiento que el malo. Si tenemos un adolescente rebelde e insolente, tendemos a amarlo menos.

No seríamos sinceros si dijéramos que nuestros sentimientos hacia un hijo problemático nunca van a ser malos. Nos sentimos rechazados cuando rehúsan nuestro amor, disciplina o estilo de vida. No se recrimine porque a veces se enoja con la conducta de su muchacho. Ese sentimiento es normal. Pero no descargue su ira sobre él. Odie el comportamiento; ame al hijo.

Cualquiera puede amar a un hijo obediente. La prueba del amor es cuando lo expresa a un hijo desobediente. Desde luego, usted quiere que su hijo sea el mejor, que mantenga su cuarto limpio y que voluntariamente ayude en la casa. Pero cuando se escapa a media noche, le miente y hace desdichada la vida de su hermana, ámelo de todos modos.

Hace poco una madre dijo: «Francamente, muchas veces mi hijo me disgusta. Me parece que se esfuerza por arrumar mi vida».

Exactamente. Es muy difícil amarlo en ese momento. Admítalo. Habiendo dicho eso, mire a Cristo para que Él le ayude a amarlo de todas maneras. Amar a un hijo cuando se pone antipático es el desafío de un padre cristiano. Y esto es duro.

Cuando oímos testimonios de prisioneros convertidos, que son capaces de amar a un guarda abusivo, queremos aplaudir y gritar. ¿No sería fantástico si fuésemos lo suficientemente fuertes para ser esa clase de cristiano? En nuestro caso, el desafío puede ser amar a un adolescente abusivo quien en efecto está arruinando a nuestra familia. El Espíritu Santo nos puede dar esa clase de amor.

Nos anima el hecho de que cuando aún éramos pecadores, Cristo murió por nosotros (Romanos 5:8). Y aunque fuimos desobedientes, hemos recibido misericordia (Romanos 11:30).

Nuestros hijos son como nosotros

De vez en cuando Dios debe vernos como adolescentes rebeldes. Insistimos en hacerlo todo a nuestra manera; rehusamos seguir órdenes; somos poco dispuestos a ayudar e insolentes. Pateando y gritando rehusamos entregarnos y hacer lo que sabemos que Dios pide.

Tal vez no nos guste la comparación. Pero en muchos casos es válida. Puede ser que nos ayude recordar que Dios lucha contra nuestra propia desobediencia, tal como nosotros lo hacemos con la de nuestros hijos.

No hay dos que sean idénticos. Ámelos igualmente

Ame al doctor; ame al bailador; ame al aventurero.

El primer paso es preguntarnos sobre qué base amamos a nuestro adolescente:

- ¿sobre la base de los triunfos o fracasos?
- ¿sobre la base de la conducta?
- ¿sobre la base de la selección de una carrera?
- ¿sobre la base de las capacidades?
- ¿sobre la base de la obediencia?
- ¿sobre la base de la necesidad?
- ¿Los amamos porque nos pertenecen?

Si les amamos solamente porque son nuestros, es menos probable que permitamos que otros factores afecten a ese amor.

Los padres sabios no comparan. Cada hijo es una personalidad única. Cada uno tiene cualidades capacidades e intereses diferentes.

Los padres quizás pregunten: «¿Por qué no obtienes buenas notas como tu hermana?», o «¿Por qué no te comportas como tu hermano?», o «¿Por qué no mantienes limpio tu cuarto como otros muchachos?» Los adolescentes buscan evidencias que sugieran que sus padres prefieren a otros hijos. En el edificio de la vida quieren saber en qué piso están. Se aferrarán de cualquier cosa que sugiera que están en el sótano.

A menudo los padres tienen que trabajar mucho para mantener el equilibrio en sus mentes. A veces su confusión debe ser algo así como esto:

- Una animadora es igual a un estudioso.
- Un atleta es igual a un artista.
- Un muchacho hogareño es igual a un jefe de grupo.
- Un jugador de ajedrez es igual a un saltador con fusta.
- Un cantante es igual a uno con buena ortografía.

Y así va. Ningún hijo se debe tratar mejor que otro a causa de la actividad que escoge o el talento que tiene. Cada uno necesita que le aseguren que es igual a cualquier miembro de la familia.

Un niño quizás necesite un tutor. No es probable que todos sus hijos lo necesiten, pero responda a la necesidad legítima del que le hace falta. Cuando un niño atraviesa una etapa difícil, llévelo a comer algo especial o a pasear, tan a menudo como sea necesario. No se detenga porque no tenga los recursos para sacar siempre a cada muchacho. Resolver necesidades individuales no es mostrar favoritismo.

Los niños pueden fácilmente entender la atención que se le da a otro cuando lo necesita, si están seguros que ellos también la obtendrán cuando les haga falta.

Por ejemplo, llevé a mi hijo a acampar, pero nunca lo hice con ninguna de mis hijas. Acampar era algo que las niñas no querían o no necesitaban en ese momento. Habría sido tonto que yo dijera que no podía llevar a Jim, porque no habría sido justo para las niñas. Encontré otras cosas que hacer con ellas.

Llevamos a una de nuestras hijas a escoger muebles y a equipar su dormitorio de la escuela. Nuestra otra hija quiso salir por su cuenta, decoró su propio lugar y después nos invitó a verlo.

Sé de un padre que rehusó sacar a uno de sus hijos, cuando no pudo sacar a los cuatro juntos a pasear. Decía que los estaba tratando a los cuatro por igual. Para mí, eso no es igualdad. Nuestro amor e interés por cada hijo deben ser iguales, pero en ciertas ocasiones la atención es diferente, de acuerdo con las necesidades y las circunstancias. Lo que un niño necesita desesperadamente, el otro quizás no quiera recibirlo. Eso es igual que si pusiéramos vendas en los dedos de todos los hijos, sólo porque uno de ellos se lastimó.

Haga a cada hijo sentirse especial en su propio derecho y él se sentirá igual a otros niños de la familia.

La barbaridad de Jacob

Cada padre debiera leer Génesis 37 a menudo. Jacob, el padre anciano de trece hijos, escoge a José como su favorito. Se le debió dar el premio de cabeza hueca. José era de diecisiete años de edad y el penúltimo de los menores, pero era evidente que Jacob prefería a José.

Sin sutileza Jacob hizo una túnica de muchos colores especialmente para José, demostrando a sus doce hermanos que era el favorito. Y para remacharlo, encargó a José que le informara sobre sus hermanos cuando estuvieran lejos del hogar.

José pronto empezó a jactarse ante los demás acerca de sus sueños. En cada uno claramente era superior a sus hermanos. Pronto hasta el mismo padre se cansó de esta conducta.

Desde luego, cuando sus hermanos vieron el obvio favoritismo de Jacob, odiaron a José. Y enseguida trazaron planes para abandonarlo, matarlo o venderlo a los comerciantes de esclavos.

Nadie sugiere que el comportamiento de los hermanos era el correcto. Tampoco estamos de acuerdo que José provocara a sus hermanos con el contenido de sus sueños. Pero la conducta de Jacob tampoco era aceptable. Poner a un hermano en contra de otro es como juntar dinamita y prenderle fuego.

Durante un programa de radio, una mujer me llamó para describirme cómo su madre había tratado de poner a sus hijos el uno contra el otro. Le decía una historia a cada hijo acerca del otro, con el fin de enfrentarlos. La persona que llamó dijo que vio esto como un intento de su madre por hacer que los niños corrieran hacia ella para hallar más piezas al continuamente cambiante rompecabezas de la vida. Una manera extraña de atraer a los niños y de separarlos entre sí. El encargado del programa interrumpió para protestar que las madres no hacen cosas como esa. Por desgracia, algunas hacen precisamente lo que sea.

DE REGRESO AL HOGAR

Al escribir este capítulo, me doy cuenta por el calendario que la próxima semana es el Día de Acción de Gracias. Nuestros hijos mayores planean estar en casa para la celebración. Todos nos llevamos bien, aunque hubo algunos tiempos muy difíciles cuando ellos eran más pequeños.

Tengo la esperanza de que al manejar por la Autopista 80, tendrán buenos pensamientos acerca del hogar y de cómo nos sentimos respecto a ellos.

Mi esposa y yo nos esforzamos para hacer que se sintieran amados, aceptados y queridos. Me gusta pensar que tuvimos éxito.

Nos interesamos acerca de sus victorias y sus fracasos, sus puntos fuertes y sus fallas como individuos. Es posible que no hayamos sentido exactamente el mismo amor por cada uno de ellos cada día. Somos demasiado humanos para esa clase de perfección. Algunos días nos confundían sus actitudes y sus comportamientos.

Pero por la gracia de Dios mantuvimos el amor en primer lugar, y yo pienso que les trasmitimos justicia y aceptación a cada uno por lo que son.

Al sentarnos alrededor de la mesa en el Día de Acción de Gracias sé que nadie mencionará un insulto del pasado, ni una promesa fallida de ayer. Creo que no existen raíces de amarguras dentro de nosotros. Tratamos los asuntos según iban surgiendo. Nadie reclamará una explicación por comportamiento presente o pasado. Dios nos ha capacitado para amarnos a pesar de las diferencias y discrepancias. Estoy extremadamente agradecido por eso. No todos pueden esperar tener una ocasión especial pacífica con sus hijos adultos.

PELEAS CONTRA LOS PADRES

Mientras analizamos el tema de poner a pelear a niños contra niños, o de demostrar favoritismos, se debe hacer mención de los padres que se enseñorean sobre sus hijos adultos, haciéndolos sentir menos que un adulto.

Recientemente, una joven me confió cuánto aborrecía volver a su hogar durante los días de fiesta. Dijo que todos sus hermanos y sus familias se reúnen en ocasiones especiales, y el padre de más de setenta años, es el máximo líder.

Después de comer y limpiar la mesa, el padre saca los mismos viejos juegos. Eso estaría bien, explicó ella. Esos juegos podrían traer buenos recuerdos. Pero su padre no sólo insiste en jugar, sino también en ganarlos.

El viejo caballero fastidiará y se molestará y hará que todos jueguen una y otra vez hasta que él haya ganado. Es únicamente entonces que se recuesta, contento de seguir siendo el campeón de la familia.

No es de extrañar que los hijos no quieran regresar al hogar. Sienten dos presiones intolerables. Primero, tienen que jugar lo que papá quiere, o si no se pone de mal humor. Segundo, si no juegan hasta que gane, papá se siente herido y pone mala cara. No es un cuadro placentero, pero es uno que quizás se repita en otros hogares durante los días feriados.

Mientras que los padres deben evitar echar a los jóvenes unos contra otros, tampoco ellos debieran «desafiar» a sus propios hijos estableciendo su propia autoridad y posición cada vez que el clan viene al hogar. Vendrá a ser una carga que la mayoría de los jóvenes adultos querrán evitar.

IGUAL VALOR

¿Qué valoramos en nuestros hijos? ¿Las calificaciones? ¿La apariencia? ¿La compasión? ¿La obediencia?

Para la respuesta ideal debemos volver a Cristo Jesús. El Hijo de Dios murió por un solo valor: el de la persona. Él no se dio a sí mismo por el listo ni el amable, ni por el brillante ni el servicial. Cuando éramos desobedientes, Cristo murió por nosotros.

Si podemos amar a nuestros hijos simplemente por lo que son, sin tener en cuenta lo que hacen o cómo lo hacen, es posible amarlos a todos por igual. Si insistimos en usar otra escala (por ejemplo, juzgándolos por sus calificaciones, apariencia, cooperación, etc.), será imposible amarlos por igual.

Nuestros hijos nunca serán idénticos. Uno siempre será algo más o menos que el otro. Debemos amar a cada uno por lo que son. El amor basado en el cumplimiento fracasará.

IGUAL ACEPTACIÓN

El sistema por el que muchos aman a sus hijos es fácil de probar. Pase treinta minutos hablando con un adulto joven que se siente rechazado por algún fracaso. Esa persona nunca puede alcanzar la medida de las expectativas de sus padres.

«Mis padres están desilusionados conmigo», explicó Brendon tristemente. «No soy lo que tenían en mente. No fui a la Universidad. Me casé temprano y no espero llegar a ser un diácono de la Iglesia Bautista. Cuando voy a casa, todavía puedo ver el dolor reflejado en sus caras. Es como que su "gran fracaso" ha venido al hogar y sienten lástima por mí. Podría vivir tranquilo conmigo mismo si tan solo pudieran quitar el dolor de sus caras».

Brendon se ha sentido rechazado toda su vida como si todo lo que tocara lo echara a perder. No alcanzaba las metas. Les falló a sus padres en cuanto a las expectativas que tenían. Ojalá que algún día descubran la importancia de amar a un hijo por quién es y no por lo que hace.

Cuando un padre cree que sólo debe aceptar al que tiene éxito, ese sistema de valores se le trasmite a sus hijos. Brendon tiene problemas con su autoaceptación, porque sus padres lo han devaluado. Es difícil aceptar por igual a cada uno de nuestros hijos.

Muchos padres luchan con esto. Aquellos que tienen éxito en amar a sus hijos por igual son los que aman a las personas y no a lo que hacen. Gracias a Dios por los padres que ven la diferencia.

ALGUNOS PENSAMIENTOS
FINALES

El sentido común nos dice que no salgamos de cacería con un tirador que tiene sus ojos vendados. A pesar de sus habilidades, necesita ver el blanco con claridad. De otra manera, le estará disparando al sonido del viento en las hojas.

Cuando Dios les da hijos a las parejas, por lo general estas se emocionan por las posibilidades. Miran al futuro, a los años de amor, crecimiento, tiempos de diversión, desafíos y la satisfacción por lo que habrán de realizar. La mayoría están agradecidos a Dios por la oportunidad de expresar lo que saben y lo que han experimentado con las vidas jóvenes que les han sido confiadas.

El proceso total es más satisfactorio si se quita la venda y si los blancos se ven con claridad. Así el tiempo no se malgasta dando vueltas sin apuntar a algo en particular. Los padres idóneos tienen una idea de lo que quieren realizar. Si establecemos las metas, es menos probable que frustremos a todos con mensajes conflictivos.

No les voy a dar una lista de metas. Ustedes como padres decidirán sobre estas. Quizás lo más importante que debemos recordar es ser flexibles. Las metas pueden cambiar de acuerdo a la individualidad de su familia. Y conserven el sentido del humor a toda costa.

Ser padres tiene tremendas recompensas. Para muchos de ellos, los hijos dan significado y enriquecimiento a sus vidas. Pero ser padres también tiene algunos dolores de cabeza y del corazón. Tal vez no exista familia que no haya tenido algunas desilusiones dolorosas.

Pero nadie daría sus hijos a cambio para escapar al dolor o a la desilusión. Eso sería como abandonar sus esperanzas, sus sueños, su fe. Los niños son enérgicos, impredecibles y dan una cantidad de trabajo duro, pero también acarrean cantidades de gozo, felicidad y espontaneidad a nuestras vidas. ¿Quién querría proteger sus corazones del dolor y abandonar los puntos difíciles de la paternidad?

El padre eficaz conoce sus limitaciones y sus posibilidades. Ni siquiera los mejores padres pueden garantizar el resultado de la vida de un niño, no siempre pueden controlar el comportamiento de un adolescente, no pueden forzar actitudes morales, no pueden percibir el producto final. Tenemos que recordarlo. Pero los padres buenos pueden dirigirse hacia los valores correctos, mostrar amor constante, enseñar el autocontrol, demostrar el perdón e infundir esperanza y optimismo.

Los padres eficaces ponen a disposición del joven las herramientas para que pueda desarrollar su vida por completo.

Pero aunque pongamos a disposición todas las herramientas, quizás el niño decida no usarlas. Todos los niños están equipados con su propia voluntad. Fortalecemos sus piernas, les enseñamos a caminar y los dejamos ir. Esa es la parte difícil.

Gracias a Dios por los padres que apuntan hacia las metas correctas y que les dan a sus hijos un amor incondicional. Estos muchachos tienen la oportunidad de ser íntegros y no sentirse aislados.

La obra de los padres está cerca del corazón de Dios. Después de todo, Dios es el mejor de los padres.

Por primera vez...

¡ENRIQUEZCA LA EDUCACIÓN DE SUS HIJOS DE ACUERDO AL TEMPERAMENTO DE CADA UNO DE ELLOS!

Los padres nunca determinan el temperamento de sus hijos, mucho menos deciden con que llenar la mente de sus pequeños, aunque pueden influir en todo ello en cierto grado. Cómo desarrollar el temperamento de su hijo da respuestas concretas a los problemas frustrantes que enfrentan los padres en este tiempo. Ante la constante batalla que plantean factores internos como las pasiones, las emociones y otros, además de los elementos externos como los libros, la radio, la televisión, internet, las redes sociales y los videojuegos por ocupar el vacío que hay en la mente del niño, Beverly LaHaye presenta con claridad una serie de ideas y conceptos sobre cómo desarrollar y educar a cada uno de sus hijos, de acuerdo a sus características temperamentales individuales.

Sea padre o madre, este libro es de urgente lectura para usted. Si es abuelo o abuela, descubrirá en él cómo relacionarse en forma efectiva y agradable con sus nietos. Es más, aunque no sea ni padre ni abuelo, encontrará en estas páginas todo un tesoro en cuanto a su propio temperamento y al de los niños que conozca.

Beverly LaHaye es esposa de pastor, madre, abuela y dirige los «Seminarios sobre la vida familiar»; además es autora del éxito de librería *La mujer sujeta al Espíritu*.